SPANIEN, WIE WIR ES LIEBEN

interconnections

SPANIEN, WIE WIR ES LIEBEN

Kastilien und Estremadura – Städte Landschaften, Menschen

Barbara Hölz-Fernbach

interconnections

Zur Autorin:
Barbara Hölz-Fernbach, Jahrgang 1947, lebt seit dem Studium der Germanistik, Romanistik und Psychologie in Freiburg im Breisgau und ist als Psychotherapeutin tätig. Interessen: Kino, Fotographie, Fremdsprachen, Literatur, vorwiegend klassische Weltliteratur, Städtereisen vor allem ins romanischsprachige Gebiet sowie Fernreisen nach Asien, nach Thailand, Ceylon, Indien, Vietnam und Bali.
Von ihr erschien im selben Verlag:
„Unbekanntes Vietnam, Hondas, Hühner, Heiligtümer, Wasserpuppen, Nudelsuppen", ISBN 978-3-86040-181-1.

Impressum
Spanien, wie wir es lieben
Kastilien und Estremadura – Städte, Landschaften, Menschen
Barbara Hölz-Fernbach

Umschlagdesign, Anzeigengestaltung: Sonja Münkner

ISBN 978-3-86040-194-1, ReiseTops Bd 12
2013, verbesserte Auflage 2014

interconnections, Schillerstr. 44, 79102 Freiburg
Tel. +49 761 700 650, Fax +49 761 700 688
info@interconnections.de
www.interconnections-verlag.de
www.reisetops.com

Inhalt

Heilige, Feste & Proteste, Stiere, Empörung

Was nun? Wohin soll ich jetzt gehen? Soll ich mich nach rechts oder lieber nach links wenden? Denn Augusto befand sich nicht auf einer Reise sondern auf einem Spaziergang durch das Leben. Ich werde abwarten, bis ein Hund vorbeikommt, dachte er, und ich werde die Richtung einschlagen, die er nimmt.

(Miguel de Unamuno: Niebla)

Vorwort

Bewegungen und Begegnungen, *movimientos encuentros*, wo gab es das mehr als in diesem Sommer in Spanien?

Drei Wochen lang, im August 2011, durchstreiften wir Madrid, Segovia, Ávila, Salamanca, Toledo, Cáceres, Mérida und wieder Madrid, bis die Füße schmerzten. Und dann waren da auch die Streifzüge durch die regionale und überregionale Presse, welche täglich über die zahlreichen Wasser-, Krach- und Lärmfeste, über die Stier- und Himmelfahrtsfeste berichtete, so lebendig, als wäre man selbst da gewesen. Und dann *el papa,* der in diesem Sommer besonders präsent war, denn *el benedicto* weilte vier Tage anlässlich des Weltjugendtags der katholischen Jugend in Madrid. Bis nach Segovia, Àvila, Toledo, Salamanca und Cáceres reichte seine Ausstrahlung. Das Großereignis war für viele Jugendliche aus aller Welt *die* Gelegenheit, einen Urlaub in Gruppen Gleichgesinnter voranzustellen oder anzuschließen. Scharen von Pilgern aus allen Ländern waren nach Madrid, Segovia und besonders nach Avila, der Hauptstadt der Heiligen Teresa herbeigeströmt, mit Trommeln, Gitarren, bunten Wimpeln, Fahnen. Mit glänzenden Monstranzen, Kruzifixen und Transparenten zogen sie durch die Straßen und Gassen der Städte Kastiliens, bestückt mit den abenteuerlichsten Sonnenhüten, die der Witwe Bolte hätten Konkurrenz machen können. Auf den Straßen Kastiliens wimmelte es von Frommen, die Kirchen und Klöster vibrierten von Musik und Gesang, nie zuvor waren so viele Nonnen, Mönche und Pilger in Bewegung zu sehen gewesen. Und keine Zeit wie diese lud zu so viel spontanen Begegnungen aller Art ein.

Und es gab Gegenbewegungen: den *marcho de los laícos,* den Marsch der Laizisten in Madrid, die gegen die raumgreifenden Papstveranstaltungen und gegen die Straßensperrungen protestierten, gegen die *Prügeleien* der Polizei, die versuchte, der Laizisten Herr zu werden. Dann waren auf den Plätzen Madrids die *indignados,* die Empörten, die spanische Jugend, die schon von April bis Juli die Zelte auf der *Puerta del Sol* aufgeschlagen hatte und hier Tage und Nächte gegen die Arbeits- und Perspektivlosigkeit der Jugend, gegen die Lokalpolitiker rechter und linker Couleur und gegen die Sparpolitik aufbegehrte. Bewegt sich doch die Jugendarbeitslosigkeit in Spanien zwischen 20 und 45 Prozent! Kaum hatte die Polizei - selbst durchaus ambivalent - die Zeltlager der Jugendlichen auf der *Puerta del Sol* geräumt, folgten die Diskutandengruppen mit dem Transparent: "El pueblo es soberano", das

Volk ist souverän. Die Puerta del Sol war die Schaltstelle für *discusiones* und *manifestaciones,* deren Zeugen wir wurden.
Und dann der Tanz, *el baile.* Wo ließe sich heute, zu Zeiten der Krise, die Aufforderung, sich tanzend durch das Weltgeschehen zu bewegen, um den Widrigkeiten des Alltags zu trotzen, besser ausdrücken, als auf dem holperigen Vierzeiler, der auf einem Brückengeländer in Toledo zu lesen war?

La vida no es esperar
A qué pase la tormenta
es aprender a bailar
Bajo la lluvia

Leben heißt nicht hoffen,
Dass die Qual vorübergeht
Leben heißt tanzen lernen
Unter dem Regen

Überall gab es spontane Tänze auf den Plätzen, in Madrid, Avila, Salamanca. Nie zuvor war in so vielen Städten gleichzeitig ein solches Maß an Bewegung fröhlich gestimmter Menschen gesehen als während dieser drei Wochen in Kastilien.

Und dann lasen wir von den Stierhatzen, die *Encierros,* die wir zwar nicht live, aber dafür täglich in der Presse verfolgen konnten. Kein Tag verging, ohne dass nicht ein junger Mann eine *Cornada,* einen Hornstoß von einem Jungstier, einem *Novillo* verpasst bekam. Besonders hervor tat sich in diesen Tagen ein Jungstier, *Maus* genannt, *El ratón,* der schon das zweite Mal einen jungen betrunkenen Mann ins Jenseits beförderte und dadurch seinen Wert ins Astronomische steigerte. Dieser hatte geglaubt, er könne den Stier durch einen Sprung auf den Kopf bezwingen, ein Höhepunkt für die Presse und eben *Fiesta,* das alte Spiel mit dem Leben und dem Tod, dem Tod, zu dem letztlich alle Bewegung hinführt. Und manchmal eben durch *Un encuentro con un novillo,* durch eine Begegnung mit einem Stier.
Auch wir bekamen einmal unfreiwillig einen Stoß, zwar nicht von einem Stier, sondern von einer Nonne, die uns händeklatschend aus dem Altarraum des alten Dominikanerklosters in Toledo vertrieb, weil wir uns zu nah an *einen,* an *ihren* El Greco gewagt hatten, um uns dann mit aller Liebenswürdigkeit auf das Grab des Meisters im Souterrain der Kirche hinzuweisen und uns anschließend auf ihre Klosterplätzchen aufmerksam zu machen.

Abb. 1, Begegnungen

Es fällt in Spanien sehr leicht, mit Menschen in Kontakt zu treten, ein wenig zu plaudern, *hablar,* sei es mit Museumsangestellten, sei es auf der *Plaza,* indem man sich zu den Leuten auf die langen Bänke setzt, sei es in der Kirche mit dem Küster, an der Busstation oder mit dem Hotelpersonal. Oder, wie in der Altstadt von Toledo, auf der *Plaza San Domenico,* wo wir uns ruckzuck mitten im *Patio* eines Patrizierpalastes befanden und vom Hausherrn, einem emeritierten Geschichtsprofessor, in die Geheimnisse seiner historischen Keramiksammlung eingeweiht wurden.
Movimientos y encuentros, wo hätten wir das schöner antreffen können als hier, in der Mitte Spaniens?

MADRID im Papstfieber

Zum Weltjugendtag in Madrid sind die katholischen Gläubigen schon Tage davor, in fiebriger Bewegung. Mit großer Vorfreude wird der Einflug des Oberhaupts der katholischen Kirche erwartet. Auf dem Flughafen wimmelte es von Jugendgruppen aus aller Welt. Schon jetzt, Tage vor dem großen Ereignis, haben sich zahlreiche Jugendliche und junge Erwachsene hier und in den Städten Kastiliens eingefunden. Wie Heiligtümer wurden die Nationalfahnen ausgerollt und zur Probe schon mal geschwenkt. Nonnen und Mönche führten die Gruppen der teils erst Vierzehn-, Fünfzehn oder Sechzehnjährigen an, die wahrscheinlich erstmalig in ihrem Leben zu einer solch weiten Reise aufgebrochen sind. Die Stimmung: lax und locker, die mitgebrachten Musikinstrumente und Fahnen ließen lebhafte Tage und Wochen erwarten.

Das alte Madrid

Die Aussicht vom 7. Stockwerk des Hotels auf das alte Madrid war grandios. Alt ist relativ, denn Madrid ist eine junge Stadt, aber manche der Häuser und Kirchen haben immerhin schon ein paar Jahrhunderte auf dem Buckel. Der erste Eindruck zu Fuß - hat man die lärmende *Gran via* mit ihren stinkenden Autoschlangen hinter sich gebracht und ist beim französischen Konzern Fnac in das alte Madrid eingebogen: Madrid ist ein Dorf! Auf dem Rasenrondell vor dem Barfüßerkloster schlummerte ein Landstreicher seelenruhig in einem Sarg aus Pappe, nur die Füße lugten aus seiner jenseitigen Behausung. Weiter unten lud der dicke Turm der alten Kirche San Gines mit gemütlicher Geste ins Zentrum der Altstadt. Von San Martín auf dem gleichnamigen Platz klang das Gezupfe zweier Gitarrenspieler, die ersten Münzen des Tages in ihren Hut erwartend.

Beleuchtete Beichtstühle

San Gines mit seinen beleuchteten Beichtstühlen in Erwartung von Beichtkundschaft. Der Pfarrer saß bei offener Tür und in Shorts im Beichtstuhl wie in einem Strandkorb und las in einem Krimi. Erst als sich in erkennbarer Absicht ein Beichtling näherte, legte er das Buch beiseite, setzte sich ordnungsgemäß auf seinen Beichtsitz und lauschte.

Tanz auf der Puerta del Sol

Von der Puerta del Sol, dem zentralen Platz des alten Madrid, dröhnte eine Band. Südamerikanische Musiker mit dem strengen Blick kastilischer Caballeros und ausladenden Sombreros auf dem Kopf erzeugten auf großen Instrumenten Latinostimmung. Eine Alte in schriller Kleidung schwang das Tanzbein. Auf dem schon schütteren Haupt ringelten sich lilafarbene Locken. Ihre weiße, filigrane Spitzenunterhose blitzte frech unter dem eng anliegenden türkisfarbenen Trikotkleid hervor. In kleinen Schritten über den Platz tänzelnd hob sie das Kleid beim Tanzen etwas hoch, so dass die Spitzen ihrer Unterwäsche noch deutlicher hervorlugten.

Ein älterer Mann mit vom Blutdruck roten Bäckchen - er sah aus wie ein Brite - pirschte sich von hinten an die Dame heran und versuchte, sie zu sich heranzuziehen, indem er den Spazierstock in ihrem Kragen einhängte. Doch diese wich dem Stock aus und setzte, ungerührt des Angebots des Alten, ihr flottes Solo auf dem Pflaster fort. Sie hätte einem Film von Almodóvar entsprungen sein können, an Verrücktheit stand sie dessen Figuren in nichts nach. Kollektiver Applaus! Vieles ist hier möglich, man gibt sich tolerant. Das Schrille scheint hier zum ganz normalen Alltag zu gehören. Wäre man bei uns nicht rasch mit Etiketten wie *alte Ziege* oder *alte Schachtel* bei der Hand? Ob jung oder alt, in Spanien darf man auch auf dem zentralsten aller Plätze Kapriolen machen und so zum allgemeinen Glück beitragen!

Standing woman

Nicht nur kapriziöse alte Damen bevölkerten den Platz, sondern auch die Skulpturen der Statuenkünstler, die *estatuas vivas,* wie sie inzwischen weltweit in den Innenstädten auftauchen. Sie verharren viele Stunden in ein und derselben Position, ohne mit der Wimper oder dem kleinsten Muskel zu zucken.

Geboten wurde heute die Nummer *Opfer des Vesuvausbruchs:* Darstellerin war eine junge, muskulöse Frau, in Lappen gewickelt. Ihr Gesicht mitsamt dem kurzen Struppelhaar war ganz mit brauner Farbe eingesprüht. Um ihren Körper hatte sie einen braunen Berg aus Pappmachée gebaut, in welchem sie feststeckte. Der Körper mit den Lappen war von einer roten Farbschicht bedeckt, die Augen und die langen Wimpern waren mit Tonmasse verklebt. Sobald sie ein paar Münzen in den zu ihren Füßen aufgestellten Blechkasten rollen hörte, riss sie die Augen weit auf, und ihre großen Glotzaugen mit den verklebten Wimpern kamen hinter der Schmutzschicht zum Vorschein. Sogleich verschwanden ihre Augen wieder hinter der dicken klebrigen braunen Paste. Die Leute blieben fasziniert vor diesem Bauwerk stehen. Die ganze Erfindung war unheimlich, und irgendwie fühlte man sich an Ovids Metamorphosen erinnert, nur in umgekehrter Richtung. Der starre Berg wurde mit einem Wimpernschlag zu einem Weib, das mit stierem Auge das Treiben auf dem Platz besah, und schon schloss sie es wieder und wurde zum Berg. Also doch wie bei Ovid.

Abb. 2, Glücksbringer

Der Lottozwerg

Auf der anderen Seite der Straße verkaufte ein Zwerg die *Gordos,* die Dicken, wie in Spanien die Lose der Weihnachtslotterie genannt werden. Viel Volk stand um ihn herum, ein Fluidum von Sympathie umgab den kleinen Mann. Die Lottoscheine hingen ihm von der Schulter bis zum Hosenbund. Er schien ausgesprochen guter Laune zu sein, und viele Leute kauften ihm Lose ab.

Auf der Plaza Sant' Ana

Auf der Plaza Sant'Ana umlagerten zahlreiche Touristen die Tische vor der *Deutschen Brauerei,* wo schon Hemingway in den Dreißiger Jahren Gast war. Sein Roman mit dem Titel *Fiesta,* bei uns in den Fünfziger Jahren erschienen, lässt den Dichter nicht gerade nüchtern dastehen: Hier erfährt der Leser, wie oft Hemingway als junger Mann sturzbesoffen aus den Madrider Kneipen torkelte, immer auf der Suche nach einem Kick und nach Freunden. In den zwanziger und dreißiger Jahren zog es ihn immer wieder zu den Stierkämpfen nach Pamplona, aber auch nach Madrid, und insbesondere der Sant' Anaplatz war ihm lieb und teuer, zum Abhängen und Versumpfen.

Auf den Tischen dampften die Paellaschüsseln, von stolzen Kellern herbeigetragen. Auch Vegetarier kamen auf ihre Kosten: Das ins Risotto hineingearbeitete Gemüse blickte stolz aus den Schüsseln. Kein einziges Wursträdchen hatte sich darin verirrt. Um die Gäste herum tobte das Ballett der gelstarrenden Kellner mit ihren Tellern und Gläsern. Dann und wann fiel Besteck klappernd auf das Pflaster oder ein Glas zerschepperte. Das war Teil des Oberballetts. Auf Madrids Plätze setzt man sich wie in eine Theatervorstellung. Das Schauspiel des Alltags läuft hier vornehmlich im Freien ab. Es herrscht in dieser Stadt kein Zwang, irgendwelche Sehenswürdigkeiten abzuhaken: Nach Madrid kommt man, man lässt sich irgendwo nieder, man geht wieder, man ist glücklich, weil man es geschafft hat, sich trotz des Verkehrsgetöses, trotz der Abgase und der Blei- und Schwefelmengen, ein wenig bei einem Bier zu entspannen.
Trotz August und Ferien war der Autoverkehr an den großen Boulevards gewaltig. August ist der Monat, in dem viele Spanier der Stadt wegen der Affenhitze den Rücken kehren und sich ans Meer flüchten. Die motorisierte Raserei auf den Straßen war Horror pur.

Mucha Roman!

Auf dem Weg zum Madrider Stadtschloss warnte eine weißhaarige Spanierin in Shorts und Spinnenbeinchen vor klauenden Rumänen -gemeint waren wohl rumänische Roma: "Mucha roman!" rief sie in gebrochenem Spanisch und schubste mir meine Digitalkamera vom Rücken auf den Bauch. "Mucha roman!" das sollte wohl heißen: "Vorsicht, in Madrid gibt es viele Rumänen, die klauen!" Sie hielt mich wohl für eine Ausländerin, die kein Spanisch versteht. Und ein Körnchen Wahrheit war daran wohl: El País und andere spanische Tageszeitungen berichteten in diesem Sommer oft sehr entrüstet von *den* Rumänen, als wären alle Rumänen Diebe oder Schlimmeres. Und schon seit Jahren ärgert sich die rumänische Presse gegen diese Diffamierungen ihrer Bevölkerung.

Tanzende Madagassen, tanzende Nonnen vor dem Schloss

Gleich vor dem Senat, vielleicht hundert Meter vor dem Schloss, findet sich oft die Pennerszene auf einer Treppe ein, mit den üblichen Folgen. Schnapsflaschen von der Nacht und ein Gestank wie in einem Urinal. Also, Anlauf, die stinkende Treppe hoch, und schon erscheint das Schloss des spanischen Königs.

Abb. 3, Sexy Pfarrer

Auf dem Platz vor dem Schloss machte eine Gruppe von Jugendlichen aus Madagaskar mit Trommeln und Rasseln Musik. Auf einen Trommelschlag hin begann die Gruppe zu tanzen, und auch die Nonne, die die Gruppe begleitete, machte mit. Alles wippte und wackelte, die Mädchen tanzten wild und ausgelassen, so dass man sich in eher in Madagaskar, aber nicht in der Großstadt Madrid hätte wähnen können.

Es dauerte nicht lange, bis die Gruppe von Zuschauern umringt war, die sogleich zur Musik heftig wippten und hüpften. Von den Sabatinischen Gärten her näherte sich, wohl ebenfalls von den heißen Rhythmen angelockt, eine Gruppe graugekleideter hübscher, junger Nonnen aus Amerika, die *Sisters of love.* Schnurstracks steuerten sie auf die Madegassen zu, und schon sprang

der Tanzfunken auch auf sie über. Voller Verzückung klatschten sie in die Hände und ließen ihre Hüften rhythmisch kreisen. Ihre clearasilgereinigten Aknegesichter glänzten vor Freude. Mitten zwischen ihnen erglänzte ein ungemein dicker junger Pfarrer mit einem gelstarrendem Borstenschnitt und in schwarzer Soutane, unter der sich ein beachtenswerter Bauch hervorwölbte. Auch in ihm begann ein Zucken und freudiges Beben, und schon erschien aus dem Saum seines Priesterrocks ein schlenkerndes, mit einem Lackschuh bekleidetes auffällig kleines Tanzfüßchen. Auch die umstehenden Passanten wurden von den Rhythmen gepackt. Und schon verbreitete sich die hüpfende und beseelte Menge wie eine sich ausbreitende Regenpfütze vor dem Schloss,

in die es alsbald auch wirklich hineinregnete, denn bei all der hüpfenden Freude war es gar niemandem aufgefallen, dass sich eine Regenfront genähert hatte.

Die unbeschwerten, knallbunten, nur leichtbekleideten jungen Mädchen aus Madagaskar mit ihren wohlbestallten Pos und dazu die flachbusigen blutjungen Nonnen aus Amerika, das war schon eine geniale Mischung.

Avenida de la Principesa und Schloss

Das Schloss gegenüber der Tanzgruppe war unbeflaggt. In den Sabatinischen Gärten stutzten Gärtner die Hecken zum Papstbesuch. Immer mehr Gruppen mit gelben Halstüchern, gelben Shirts mit dem Weltjugendtagslogo, einem großen JMJ *(Jornada mundial de la juventud),* und mit um die Schulter gehängten Musikinstrumenten füllten den Platz vor dem Schloss. An den Häusern grüßte das Konterfei des Papstes von den Hauswänden. Spruchbänder mit frommen Grüßen hießen *El papa* willkommen, kleine Fahnen und Wimpel hingen aus den Fenstern. Manche Bewohner hatten ewige Lichter auf die Simse gestellt.
Die ganze *Allee der Principesa* und die *Gran Via* waren mit Tüchern bestückt, welche die verlorenen Schafe aufforderten, in den Schoß der Heiligen Kirche zurückzukehren. Die Gläubigen wurden zur Festigung ihres Glaubens und zur Beichte ermahnt. Wegen der gewaltigen Ausmaße der Transparente an den Wänden der eleganten Paläste und Villen der *Gran Via* hagelte es in der sozialistischen Presse zum Teil schwere Proteste. Die große linksliberale Tageszeitung *El País* zeigte eine relativ ausgewogene Darstellung des Großspektakels und ließ alle Stimmen zu Wort kommen.

Spanische Töne vor dem Café Oriente

Die *Plaza* oriente vor dem Stadtschloss mit dem gleichnamigen Café ist schon seit dem letzten Jahrhundert ein beliebter Künstlertreff. Die Tische draußen erlaubten einen prächtigen Panoramablick auf das Stadtschloss.

Die Spanier an den Tischen vor der *Bar Oriente* hier sprachen so schnell, dass man sich erst einmal eine ganze Zeit lang hinsetzen und zuhören musste, bis sich überhaupt einmal einzelne Worte aus dem in rasender Geschwindigkeit sich ausbreitenden Klangteppich herauskristallisierten.

Am Nachbartisch saß eine besonders korpulente Matrone. Aus ihrem Mund kam eine solch kraftvolle Salve spanischer Laute herausgeschossen, dass es einen fast *umgemäht* hat. Durch siebenhundert Jahre arabischer Kultur ist das prosodische Element im Spanischen rau und hart geworden. Die

Silben explodieren beim Sprechen regelrecht wie Knallfrösche und stürmen dann, sobald sie sich zu Sätzen formiert haben, los wie Windhunde.
Will man als Nichtspanier das Spanische verstehen, muss man mit seinem Gehirn Gas geben, um hinterherzukommen, falls man des Spanischen noch nicht ganz mächtig ist.

Antonio Lopez

Das feine Thyssen-Bornemisza Museum auf der Pradoallee ist besonders bekannt für Ausstellungen, insbesondere von Madrider Künstlern. Aktuell war eine Ausstellung des Madrider Malers Antonio Lopez zu sehen, der bei den Madridern sehr beliebt ist. Sein Werk reicht von den fünfziger Jahren bis heute.
Im Eingangsbereich vor dem Museum "begrüßte" den Besucher ein mannshoher Kindskopf des Künstlers aus Bronze. Die Leute blieben fasziniert stehen, kennen sie doch normalerweise nur kleine Kindsköpfe.

Im Inneren hinter einer großen Vitrine gab es noch mehr zu sehen als nur Kindsköpfe. Wie in einem anatomischen Museum drängelten sich hinter der Scheibe zahlreiche Modelle von Embryonen, Föten und Säuglingen. Der Maler scheint anatomisch interessiert gewesen zu sein. Nicht alles gefiel im Museum, doch richtet man sein Augenmerk gezielt auf das, was typisch spanisch bzw. madrilenisch ist, wird der touristisch interessierte Kunstbetrachter vollends zufriedengestellt. Und Lopez, das war nicht zu übersehen, wollte seine Landsleute auch provozieren:
Das auf dem Asphalt vor einem Madrider Häuserhintergrund splitternackt kopulierende Paar wirkte zu seiner Entstehungszeit im erzkatholischen Spanien von damals bestimmt sehr skandalös auf das Publikum. Eine dicke Frau in modern eklektizistischer Malweise schien fast nach hinten vom Stuhl zu kippen, als sie am Himmel ein Ding erblickte, das heute jedem Kind als Flugzeug geläufig ist. Das Ganze ein bisschen Kuby, ein bisschen Botero, ein bisschen Dali, ein bisschen Cézanne, ein bisschen Chirico, ein bisschen Kubismus.
Die Aufsicht im Museum war eher lax. Die Wärter waren in ihre Heftchen vertieft, lösten Kreuzworträtsel oder Sudokus. Das Fotografierverbot wurde nicht besonders streng gehandhabt. Nur manchmal sprang ein Wärter wie von einer Tarantel gestochen von seinem Kreuzworträtsel hoch und rief: "No flash, no flash!" Er rief das so einschüchternd, dass die Digitalkameras sofort verschämt in ihre Fototaschen huschten. Kaum beugte sich der Wärter wieder

über sein Heftchen, kramten die Leute ihre Kameras wieder hervor und blitzten drauflos. Das war wirklich zum Lachen. Die Wärter waren hier wohl eher dekorativ tätig. Im Hinblick auf deren Menschenrecht nach Abwechslung ließ einen das an die köstlichen Museumspassagen aus dem wunderbaren Roman "Mein Herz so weiß!" von *Javier Marías* denken, wo ein Wärter aus Wut und wohl auch aus Langeweile ein wertvolles Gemälde mit dem Messer attackiert, weil ihn irgendein Teil einer Szene daraus wütend machte. Vermutlich war ihm eine antike Frau auf einem Rembrandtbild zu fett oder zu anstößig erschienen, oder er war eifersüchtig o.ä. Köstlich auch die Passage über ein Betriebsessen des Museumspersonals vor den *Meninas* von *Velazques.* Hier wird vor dem berühmten Gemälde geschlemmt und gebechert, bis die ganze Gesellschaft sturzbesoffen ist und am Ende des Mahls die Essenssaucen auf das Bild spritzen, was natürlich kein Schwein kümmert. Eine der herrlichsten Museumssatiren der neueren spanischen Literatur! Nicht zu vergessen auch die Passagen über die semikriminellen Kunstfälscher. Da hat es doch tatsächlich "Damen gegeben, die an Ort und Stelle in Ohnmacht gefallen sind, als sie erfuhren, dass ihr lebenslang göttlicher kleiner Greco ein falscher göttlicher kleiner Greco war." (a.a.O.S. 138).

Plaza Mayor

Auf der Plaza Mayor war es schon dämmerig. Ein Baby in einem Buggy plärrte zum Steinerweichen. Bei genauerem Hinschauen entpuppte es sich als ein Spaßmacher, an die vierzig Jahre alt, auf dem Kopf eine Babybommelmütze. Die Ärmchen aus Gips hingen von einem Stoffkörper schlaff herab, die Beinchen waren falsche Beinchen in einem Puppenstrampler. Der Körper des Clowns im Kinderkörper mit dem Kopf eines Alten befand sich hinter dem Kinderwagen. Mit seinem Gejaule hatte er die Lacher voll auf seiner Seite. Eine Münze nach der anderen hagelte in die Kiste auf dem Pflaster. Immer, wenn eine Münze in den Kasten fiel, gluckste das alte Baby vor Freude, klatschte in die Händchen, aber wehe, wenn die Leute mit ihren Münzen geizten, dann greinte, wimmerte und nörgelte es so anmaßend, dass die Leute dann doch ein paar Münzen lockermachten.
Das Baby war aber nicht die einzige Attraktion auf dem Platz, es liefen auch Kostüme ohne Kopf über das Pflaster und ließen sich gegen Geld fotografieren. Wehe, wenn einer nichts gab und nur knipste, dann schossen die zu den Körpern gehörigen Köpfe aus ihren Flamenco- oder Torerokostümen heraus und man konnte ihren Drohgebärden gerade noch knapp entwischen.

Abb. 4, Plaza Mayor

Dann gab es auf dem Platz noch ein drolliges Zaubertier mit einem Fell aus bunten Stofffransen, das, wenn es in der Bar unter den Arkaden etwas trinken wollte, aus dem Fell stieg, welches dann wie ein plattgewalztes Tierchen auf dem Platz liegen blieb und wartete, bis sein Besitzer ihm wieder Leben einhauchte.
Zwischen den Tischen vor den Arkaden führten die Kellner ihr tägliches Ballett der Teller und Tassen auf, servierten Getränke und Speisen oder versuchten, neue Kunden ins Lokal zu winken. In den Arkaden reihten sich, dicht an dicht, die Garnelenküchen und Schinkenläden. Die Madrider große Plaza, ein Platz für Menschen, die, nach nie gänzlich durchschaubaren Regeln, zusammenkommen und auseinanderfließen. Ein Platz für die Welt, der Millionen gesehen hat, auf dem Stiere getötet, Ketzer gehängt und unzählige Feste gefeiert wurden.

Eine Erinnerung

Ein wenig außerhalb der Plaza Mayor, in den "Fressgassen" des alten Madrid, suchten wir nach dem kleinen Hund von vor zwei Jahren, der in einem schwarzrot gerüschten Flamencokleid an uns vorbeigewitscht war, von einem Kellner aus dem Lokal gejagt, der ihn nicht in der Kneipe hatte dulden wollen. Der Hund war an den nächsten Straßenbaum geflüchtet, wo er dann das Bein hob, um zu urinieren, ein Anblick unverfälschter Komik, noch zwei Jahre später, in der Erinnerung.

Die Gran Via rauf und runter

Abb. 5, Cybele

Sie ist die Prachtstraße Madrids, die an der Casa de Espana beginnt, von dort leicht ansteigt und dann, sanft und lang abfallend, am *Brunnen der Cibele* endet. Sie wird von den prächtigsten Häusern der Stadt flankiert, ein Haus schöner und pompöser, ein Dachschmuck eleganter und kühner als der andere. Mit den wunderschönen art-Deco-Palästen, Kinos, Telegraphenämtern und sonstigen Behördenbauten aus hochbürgerlicher Zeit hat sich das Land in der Weltwirtschaftskrise der Zwanziger und Dreißiger Jahre ein gegen den eigenen Verfall gerichtetes Denkmal gesetzt, als wolle es sich noch einmal gegen den Absturz seiner Luxusklassen aufbäumen. Man kennt die Silhouetten der Straßenzüge aus Filmen, Reiseführern und Postkarten.

Am Ende, vor dem Brunnen der Löwen zügelnden Göttin Cybele, die rennwagenlenkend und stets über und über von den Armen kraftvoller Fontänen bespritzt wird, zweigt die Pradoallee zu den großen Museen ab.

Abb. 6, Zeitungsleser

Wegen ihres rasanten Fahrstils wird sie wahrscheinlich von allen *Aficcionados* des Sports besonders geliebt, denn die pflegen bei der forschen Göttin ihre Erfolge zu feiern. Und wenn zu tief ins Glas geguckt wurde, brach ihr schon mal jemand unversehens den Arm ab. Ein kleiner laizistischer Reliquienkult? Aber die Stadtverwaltung kriegte das dann schon immer wieder hin und gipste ihr den Arm wieder an. Denn auf ihr Wahrzeichen lässt eine Stadt wie Madrid nichts kommen. (Nach Ingenday, Paul: Gebrauchanweisung für Spanien, vgl. Literaturverzeichnis).
So, nun vom Brunnen aus kehrtgemacht und der Gran Via noch einmal in umgekehrter Richtung gefolgt.

Auf den Dächern der Gran Via

Auf einem der ersten Häuser des Madrider Prachtboulevards erhebt sich hoch oben auf dem Dach die Göttin *Pallas Athene*. Der Zugang zur Dachterrasse war nur von einer Seitenstraße aus möglich. Oben angelangt, war das Häusermeer von Madrid zu überblicken, wo man zwischen den römischen Streitwagen, die gleich in doppelter Ausführung die Dächer der Prunkhäuser zieren, herumsteigen konnte.
Hier auf den Dächern der Gran Via spielt der Wahnsinnsthriller *La Comunidad* des spanischen Regisseurs *Iglesias.* In diesem Film verfolgt eine ganze Wohngemeinschaft eine Immobilienmaklerin. Diese, Bewohnerin einer der zahlreichen Wohnungen des Häuserblocks, flieht mit einem Koffer geraubten Geldes über die Dächer der Gran Via. Die Mitbewohner der Hausgenossenschaft, die auch etwas von der Beute abhaben wollen, heften sich ihr in einer atemberaubenden Verfolgungsjagd an die Fersen. Die Jagd führt in halsbrecherischer Manier über die Dächer der *Gran via.* Woher das Geld stammte? Von einem vor Jahren verstorbenen alten Bewohner, auf dessen Ableben die Maklerin aufmerksam wurde, als sich ein Schwall Wasser mitsamt Kakerlaken über ihr Bett ergoss, als sie sich gerade mit einem Freund oder Ehemann ans sonntägliche Nachmittagsvergnügen machte. Dieser von oben auf ihr Bett prasselnde Kakerlakensegen brachte die Maklerin auf die Idee, doch mal nachzuforschen, ob da nicht etwas zu holen sei. Doch die anderen Bewohner hegten ähnliche Vorstellungen …
Das ist alles so furios gespielt und mit kleinen Horroreinlagen gespickt, dass man bis zum Schluss die Luft anhält.

Es kann knallheiß sein, dieses Madrid

Unten, auf der Straße, knallte die spanische Sonne, wie es im Don Quijote steht, *sengend und donnernd herunter, dass einem fast das Hirn zerfloss.* Madrid gehört ja zur Mancha und wir durften dieselbe Hitze spüren wie damals das berühmte Literaturpärchen des großen Cervantes.
Vor dem Jugendstilcafé im Erdgeschoss sprühten Ventilatoren den Gästen einen feinen Nebel Wassers zu, die schwatzend und Zeitungen lesend an den Tischen saßen. Unentwegt sinnierte ein alter Man vor sich hin, als wäre er eine ewige Institution dieses pulsierenden, abgasgeschwängerten Lebens inmitten von Madrid.

San Gines und Umgebung

Wieder an San Gines vorbei. Rote Teppiche hingen für den bevorstehenden Papstbesuch aus den Fenstern der Bischofspfarrei. Mit tief ins Gesicht gezogenen Kopftüchern bettelten Zigeunerinnen um ein paar Münzen und hielten dem Kirchenpublikum ihre zerknautschten Joghurtbecher hin. Doch die Münzen rollten nur spärlich hinein, denn die Bettlerinnen schauten die ganze Zeit demutsvoll vor sich hin auf den Boden. Doch die Masche der Demut schien beim Großstadtpublikum nicht mehr zu ziehen, abgesehen von der stets latenten, wohl gottlob noch selten zu kleinen Progromen ausartenden Romafeindlichkeit mancher Spanier, wie der Presse zu entnehmen war.

Abb. 7, Ventilator …

In der kleinen Gasse neben der Kirche verbirgt sich das berühmte *Café Gines,* berühmt für seine Schmalzriegel mit Schokolade *(Churros con chocolate).* Drinnen, an kleinen Tischen, tunkten die ersten Touristen die fetttriefenden, goldbraun gebackenen Schmalzstängel in dickflüssige Schokolade.

Draußen, auf der Treppe vor dem Café bot eine verwahrloste Vierzigjährige ihren schimmelmusterartig gemaserten Oberschenkel zum Anschauen an. Der war dick und fleckig wie eine Schinkenkeule. Ein Joghurtbecher fürs Spenden war allerdings nirgends in der Nähe zu entdecken. Möglicherweise war der Schenkel doch naturwüchsig und die Frau hatte einfach vergessen sich anständig zu positionieren.

Vorbereitungen zum Papstbesuch

Durch die *Via de Alcalà*, die Haupteinkaufsstraße von Madrid, schob sich schon in den frühen Morgenstunden eine zähflüssige Menschenmenge. Blaue über die Straße gespannte Stoffplanen schirmten die Hitze ab, die schon am Morgen flirrend vom Himmel in die Straßen zu drängen begann. Die Zeitungen an den Ständern kündigten eine weiträumige Verkehrssperrung zum bevorstehenden Papstbesuch an: "*A los madrilenos les tocará degastar las suelas de las zapatillas*! Zu ihrem Leidwesen werden sich die autoversessenen Madrider an diesem Tag ihre Schuhsohlen ramponieren müssen!"

Abb. 8, Frühstück

Wir folgten der Menge bis zur Puertea del Sol. Dort überall an provisorischen Bretterwänden Aufrufe zum Boykott der Papstreise. So war an einer Infotafel zu lesen: "500 000 Euro kostet der Besuch des Papstes, nur 50 000 Euro hat er nach Somalia gespendet." In Somalia wütet in diesem Jahr eine schlimme Hungersnot, wie vor fünfzig Jahren zuletzt. Mit großen ins Leere starrenden Augen blickten abgemagerte somalische Kinder von den Titelseiten der Zeitungen aus den Armen ihrer ähnlich halbverhungerten Mütter.

Was halten die Madrider vom Papst?

Kastilien ist ein sehr katholisches Land. Trotzdem gibt es im relativ liberalen Madrid zahlreiche Leute, die mit dem Papst wenig am Hut haben. Der Präsident der Nachbarschaftsvereinigung FRAVM (Federeración Regional de Asociaciones de vecinos) empörte sich in *El País*: "que se altere en esta forma la vida de todos los madrilenos por la visita del lider religioso de una parte de la población" (dass sich das Leben aller Madrilenen derart ändere, nur wegen eines religiösen Führers eines Teils der Stadtbewohner). Nur die Händler konnten sich freuen - und natürlich die Gläubigen - denn die Papstvisite ließ schon im Voraus die Ladenkassen klingeln.

Ein El Greco in San Gines

In San Gines suchten wir nach dem *Judas Tadeus* von El Greco. Zwei-drei Male suchte ich die Seitenschiffe ab, kein El Greco. Aber im Reiseführer war er doch abgebildet? Aber schließlich verriet uns ein freundlicher junger Mann, der Zettel für die Kirchenführung am 26. April verteilte, wo er sich verbarg. Kaum zu glauben, wo er der Bursche steckte, nämlich ganz hinten im Kirchenraum und zwar in einem Schrank, den der Kirchenmesner sich auf mein Bitten erbot, aufzuschließen, mit einem Schlüssel so riesig, der Himmelsschlüssel könnte nicht größer sein! Der Schrank, dunkelbraun, ging bis zur Decke hoch. Die Flügeltür des Schrankes mit dem kostbaren Inneren war kaum weniger hoch. Der Mesner knipste ein Licht an und da stand er, der Greco: bräunlich wie altes Siedfleisch! Au wei, wie sauste da mein Kinn hinunter, hatte ich doch einen bunten, expressionistischen Greco erwartet! Aber vielleicht wirkte das Bild nur so düster, weil die Kirche so dunkel war, und die auf das Bild gerichteten Glühbirnen kaum mehr als 40 Watt hergaben.
Dafür muss man Spanien preisen: Wenn man nett fragt, und sich interessiert zeigt, wird gerne eine Extrawurst gebraten und so auch außerhalb der regulären Öffnungszeiten mal ein El Greco in einem alten Kirchenschrank hervorgezaubert!

Monasterio de los descalzos reales, Königliches Frätzchen

Jetzt war es Zeit für eine Besichtigung des *Monasterio de los descalzos* reales, das Kloster der königlichen Barfüßer, das erst um zehn Uhr seine Pforten öffnete.

Von der Wand des Treppenhauses blickte ein kleines Frätzchen auf die Besucher herab, das auf den ersten Blick doch sehr der kleinen Prinzessin der Meninas von Velazquez ähnelte. Richtig kess, wie es da vom königlichen Balkon herunterspickelte, inmitten der königlichen Familie Karls des IV! Doch hier war sie ohne Begleitung der hässlichen Hoffräuleins, die ihre Gespielinnen und Wärterinnen waren, und ohne das Hündchen wie auf dem berühmten Bild des Velazques im Prado.

In den *Meninas* hat Velazquez das vierjährige Tausendschönchen genau in dem Moment erfasst, wo es sich seines Liebreizes voll bewusst wird. Das ist wahrscheinlich der wahre Grund, warum die meisten Menschen auf der ganzen Welt dieses Bild so innig lieben. Weil sie ein Kind erblicken, das sich zum ersten Mal seiner Wirkung auf die Umwelt bewusst wird und sogleich mit diesem neuen Bewusstsein kokettiert. Und das Prinzesschen an der Wand im Treppengang des Klosters schaute nicht weniger "kiebig" drein wie auf den *Meninas* des Originals. Wenn ich die spanische Museumsführerin richtig verstanden habe, handelte es sich aber um eine Imitation und kein Original des Malers.

Naves de la Esperanza

Neben vielen Verehrungskreuzen und kleinen Puppen, hergestellt zur Andacht der adeligen Fräuleins, die das Kloster als Ort des Rückzugs und zu Zwecken des geistlichen Wohlbefindens aufsuchten, waren im Bilderzimmer des Museums auch zwei großformatige Bilder zu betrachten: "*Die Naves de la Esperanza*", die Schiffe der Hoffnung. Riesige Kaufmannschiffe, überladen mit Menschen, in Richtung Paradies segelnd. Schauderhafte Teufel waren damit beschäftigt, mit dem richtigen Riecher für die Sündhaften unter den Großakteuren der Welt, diese gezielt aus dem Schiff zu zerren und sie ins Wasser zu tunken.
Belehrende Spruchbänder moralisierenden Inhaltes in gotischer Schrift zierten die Planken der Hoffnungskähne.

Schuberts Forelle

Zur Puerta del Sol hoch bummelnd, an der Ecke beim *Corte Inglés* hatten wir die anmutige Begegnung mit einer Japanerin, die auf Deutsch Schuberts Forelle und "Gretchen am Spinnrad!" sang. Ihr Deutsch war schauderlich, doch die Münzen fielen wie ein Platzregen ins geöffnete Brillenetui der Sängerin, das ganz diskret neben ihrer Notentasche lag.
Im Kaufhaus selbst herrschte ein Durcheinander wie in einem Kraut- und Rübengarten. Es war nicht einfach, wieder herauszufinden.

Caixa Forum. Ein simuliertes Erdbeben und der hängende Garten

Abb. 9, Hängender Garten

Das *Caixa Forum*, ein futuristisches Museum und eines der neuesten von Madrid, ist ein roter Backsteinbau, dessen Fundament in der Luft zu schweben schien, darüber ein kubusförmiger, rostig-metallener Aufbau.

Hier war eine Fotodokumentation des Erdbebens von Haiti zu sehen und dazu eine Erdbebenssimulation. Das Beben im Echtgefühl dauerte 38 Sekunden. Die spanische Sparkasse unterhält viele soziale Projekte und hilft beim Wiederaufbau der Insel nach dem Erdbeben. Das war beeindruckend!
Außen am Museum befand sich als landschaftsgärtnerisches Meisterwerk das vertikale Biotop von über dreitausend miteinander vergesellschafteten Pflanzen, die sich über die gesamte, gut zehn Meter hohe Wand des Hauses angesiedelt haben und bestens miteinander auszukommen schienen. Der Pflanzenteppich dehnte sich über die Wand in fettem üppigem Grün, trotz der enormen Hitze, bewässert von einem unsichtbaren Geflecht dichter, düsenbestückter Wasserrohre.

Atochabahnhof mit Palmengarten

An das Caixaforum, am Ende des Pradoboulevads, schließt sich in wenigen Metern Entfernung der Atochabahnhof an. Hier spielte sich im Jahr 2004 das Massaker in der Madrider U-Bahn ab, das die ganze Welt erschütterte und unzählige Menschenleben forderte. Eine Tafel erinnert an die Attacke arabischer Terroristen auf unschuldige Bahntouristen, die dem Ausgang nicht mehr entfliehen konnten und bei lebendigem Leib verbrannten.

Heute ist in dem Jugendstilgebäude - die Bahngleise selbst befinden sich unterirdisch - ein Palmengarten installiert, der, gastronomisch aufgepeppt, auch als Wartehalle für den immer noch funktionierenden Bahnhof genutzt wird. In kleinen Teichen stapelten sich Schildkröten über Schildkröten, die kleinen auf den großen und manchmal einzelne große auf mehreren kleinen. Es war wie bei einem Immobilienrausch an der Küste von Benidorm, wo jeder einen noch besseren Platz an der Sonne haben will. Man konnte sich gemütlich über das Geländer lehnen, von der Hitze draußen entspannen und den gepanzerten Tierchen mit den gelben Hälsen bei ihrem Treiben zusehen. Da wird auch schon so manche mit dem kräftigen Stüber des Schuppenarms einer Artgenossin vom Rücken einer gemeinsam besiedelten Kröte geschubst. Die muss dann sehen, wie sie wieder auf einen Platz an der Sonne schafft! Ein Konkurrenztheater, bei dem man die Zeit vertrödeln kann!
Am Abend nahm dann die Schwüle noch zu und entlud sich schließlich in einem kräftigen Gewitter.

Der wiedergewonnene Euroschein

Ich muss übrigens die Spanier für ihre Ehrlichkeit loben. Beim Kauf von *El País* fiel mir ein Zwanzigeuroschein auf den Boden, was ich zunächst nicht bemerkte. Ich zahlte die Zeitung und blätterte danach noch einmal in der Bücherauslage auf den Regalen. Den Stadtführer über Madrid aus der Reihe "... insólita y secreta!" wollte ich nämlich unbedingt auch noch haben. Also zurück zur Kasse. Als ich den Geldbeutel öffnete, fehlten die zwanzig Euro, die vorher noch im Portemonnaie gewesen waren. Leicht hysterisch eilte ich zum Regal zurück, suchte den ganzen Boden vom Regal zur Kasse ab und jammerte über meinen verlorenen Zwanzigeuroschein, so dass es jeder der Umherstehenden hören musste. Und, siehe da, ein Wunder, von außerhalb trat eine Frau herein, die zuvor wohl etwas eingekauft hatte, öffnete ihren Geldbeutel und drückte mir die zwanzig Euro in die Hand! Komik der Szene: Eigentlich war das ja ihre Beute, aber eine kleine moralische Grille hatte ihr wohl ins Gewissen gezirpt, und so quetschte sie sie geradezu furztrocken heraus: "E caduto en el suelo!" (Das war auf den Boden gefallen) und, so schnell wie sie hereingeschneit war, hatte sie den Laden auch schon wieder verlassen. "Buona gente!" sagte ich zur Kassiererin, die mir freundlich ins Gesicht blickte. Oh, Spanien, wie ich dich liebe, mit und ohne Deine Diebe! Später sollte es noch anders kommen, da hatte ich Diebe, aber sie erbeuteten nichts. Aber dazu später!

Per Telerífica über den Manzanares

Auf der *Avenida de la Principesa* bot ein neu eröffnetes Thailokal kulinarische Leckerbissen an, eine kosmopolitische Zone der Stadt. An den Tischen viele jungen Spanier, die sich das asiatische Essen schmecken ließen.
Danach ging es mit der Seilbahn, der *Teleférica,* über den Manzanares, auf die andere Seite der Stadt. Der Fluss, ein kläglich eingemauertes, wenig Wasser führendes Flüsschen, trennt Madrid in zwei Hälften. Hinter dem Manzanares steigt die Landschaft leicht an und dehnt sich zu einem sehr weitläufigen Pinienwald aus, einst die Jagdgründe der spanischen Könige, so dass das Land hier von Bebauung verschont blieb. Die langen sandigen Wege durch den ausgedehnten Pinienwald luden zu heillosem Verlaufen ein. Die einzige Orientierung bot der Mast eines Kettenkarussells.

Abb. 10, Fliegen ...

Der Mast hatte eine Art Schiebemechanik wie ein Regenschirm und schob die Leute gen Himmel, gut 100 Meter hoch. Gellende Schreie drangen vom Vergnügungspark herüber in unser Wäldchen. Sie kamen von der Achterbahn, die so modern war, dass sie wohl alle Gefühle der angstbetonten Lustskala bediente, zu denen ein Mensch überhaupt fähig ist.
Der Richtung der Schreie folgend, war der Weg zum Vergnügungspark leicht zu finden, der jedoch mit seinen zwanzig Euro Eintritt das Geld nicht wert war. Schwieriger war dagegen der Rückweg zur Seilbahnstation. Ich behauptete steif und fest, dass der Weg an einer Elster vorbeiführte, die wir bei einer

Abb. 11, Die „Ordnungsmacht" unterwegs

Einmündung des Spazierweges zum Vergnügungspark gesehen hatten. Wir sahen auf dem Rückweg auch wieder eine Elster, nur handelte es sich entweder um eine andere, oder die vorherige war einfach ein paar hundert Meter weitergeflogen und hatte sich neben einem ähnlichen Baum auf einem ähnlichen Weg niedergelassen. So ist das eben, wenn man bewegliche Gegenstände als Orientierungspunkte wählt.

Lustig war die Vorstellung, Don Quijote wäre hier und würde mit seinem Degen auf den Mast des Kettenkarussells schlagen. Sancho Pansa würde Achterbahn fahren und es würde ihn mit seinem Gewicht aus dem Wagen schleudern, aber wegen seines gut gepolsterten Wanstes würde er nur ein paar Schrammen abkriegen.
Auf jeden Fall haben wir dann doch die "Bergstation" wiedergefunden. Die Gondel trug uns wieder auf die Altstadtseite von Madrid. Auf der Rückfahrt bot sich von der Seilbahn ein Breitbandpanorama der Stadt vom Feinsten.

Italiener im Prado. Goya

Der Mittag gehörte schließlich dem Prado und der Sonderausstellung: *Ideal und Natürlichkeit in der italienischen Landschaftsmalerei von 1600-1650.* War das nicht schön, wie Leda ihren Schwan in einer idyllischen Flussbucht parkte und die Amoretten durch das Wasser paddelten, die fetten Ärmchen mit Kraulbewegungen das kristallklare Wasser im schönsten Müßiggang durchpflügend?

Ägyptischer Tempel

Am letzten Tag in Madrid war noch Platz für einen Bummel zum ägyptischen Tempel, den der ägyptische Präsident Nasser zur Zeit des Suezkanalbaus dem Land vermacht hat, sonst wäre das eindrucksvolle Bauwerk aus der Geschichte verschwunden. Man hat den Tempel hier, in Madrid, originalgetreu wiederaufgebaut. Er liegt in einem schönen grünen Park, oberhalb des Rosengartens. Zwei Polizisten ritten durch den Park, Pferdeäpfel hinter sich lassend. Es ist hier sicher der schönste Polizistenjob, den man sich denken kann, Pferdeäpfel fallen zu hören, sich durch den Park schaukeln zu lassen und dabei Penner aufzuspüren, die hier im Park nicht einmal zu sehen waren. Statt dessen Männer, in Thai-Chi-Übungen vertieft, die sie mit bewundernswerter Langsamkeit ausführten. Alte Damen saßen auf Bänken mit ihren Hundchen im Arm und sahen den Turnern zu.

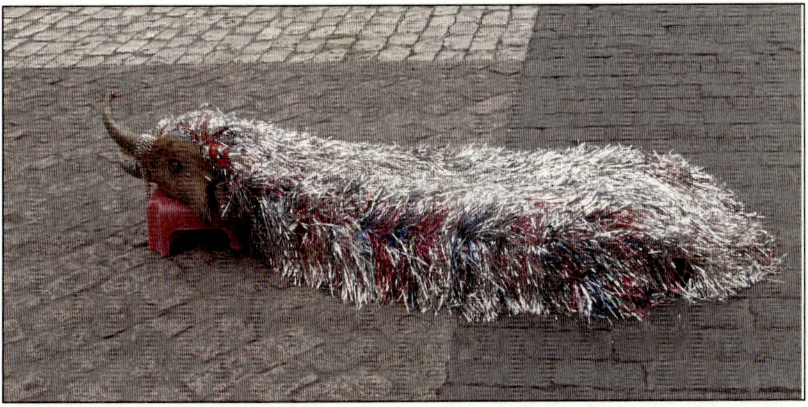

Abb. 12, Fabeltier, Plaza Mayor

Abb. 13, Dächer von Madrid

Abb. 14, Dächer von Madrid

SEGÓVIA

Der *Treno de alta velocidad* brauste in nur knapp dreißig Minuten die gut 250 km von Madrid nach Segovia. In einer menschenleeren Gegend vor der Stadt kam er zum Halten, mitten in der Pampa, kein Haus, keine Maus, keine Laus, nichts. Nur eine Rinderherde mit milchsaugenden Kälbern. Doch dann türmte sich vor uns wie eine Fata Morgana das römische Aquädukt auf, sich wie ein Riegel aus Stein vor die Altstadt schiebend: *El aqueducto,* das Wahrzeichen der Stadt Segovia auf tausend Metern Meereshöhe. Der Himmel war kristallblau, die Luft rein und würzig. Nach all dem Dreck, den man in Madrid schluckte, konnte wieder frei durchgeatmet werden.

Abb. 15, Aquädukt

Aquädukt

Eine gigantische Bauleistung der Römer! Ein paar Daten seien genannt: Das Aquädukt, so wie es heute noch besteht, verläuft über 726 m Länge und 29 m Höhe. Es besteht aus riesigen Granitquadern, die nur durch ihr eigenes Gewicht zusammengehalten werden. Das Bauwerk war noch bis 1906 in Funktion. Aus sechzehn Kilometer Entfernung wurde das Gebirgswasser in seinen Wasserrinnen in die Oberstadt Segovias geleitet. Es gilt als eines der schönsten römischen Funktionsbauwerke Spaniens.

Fußgängerfreundlichkeit

Die Stadt besitzt einen ganz anderen Charakter als Madrid. Man lernt eine ganz neue Welt kennen: Ein wenig Römerzeit, ein wenig restauriertes Mittelalter und elegante Bürgerhäuser aus dem 18. Jahrhundert mit Schmuckfassaden. Es gibt viel Platz für die Fußgänger; alles wirkte beschaulich und romantisch.

Beim ersten Anblick der Stadt fiel ich vor dem Aquädukt auf die Knie und rief mit gespieltem Pathos: "Welche Stadt, da braucht kein Mensch mehr einen Therapeuten!" Solch eine kathartische Wirkung auf die Gefühle erzeugte der erste Eindruck dieser Stadt. Aber, so denke ich, braucht man, wenn man viel reist und sich der Welt öffnet, ohnehin keinen Therapeuten, denn: Reisen kann manchmal mit einem Schlag alle Kümmernisse hinwegfegen und vergessen machen, wenn es einem nicht sogar zu dauerhaften Glücksgefühlen verhilft.

Also zuerst dem Fußgängerweg gefolgt, hoch nach San Martín: eine ansprechende romanisch-gotische Kirche aus dem 13. Jahrhundert. Auf den breiten Treppen, die zum Platz vor der Kirche führten, saßen barocke Sphinxen mit Hoffräuleinfrisuren herum, auf eine schöne Art kitschig. Aber wahrscheinlich waren sie gar nicht barock, sondern einfach aus dem 19. Jahrhundert, wo man ja in edelkitschversessener Manier die Pose liebte.

In den Nischen der Säulenkapitelle der Kirche, an der Loggia, die ihr vorgebaut ist, standen kleine Bischöfe mit ihren Oberhirtenszeptern und schauten den Betrachter mit ihren naiven urchristlichen Gesichtern an. Im Gesträuch der Kapitelle ringelten sich Schlangen, da hockten Geier und das übrige Getier aus dem Symbolregister mittelalterlicher Ikonoplastik. Die voll auf das Geschmeiß scheinende Sonne ließ diese wurmgestaltigen Tiere eher wie faule Möpse als wie die das Böse verkörpernde Triebhaftigkeit des Menschen erscheinen. Faule Möpse, fette Hunde halt, denen die Sonne heiß und golden auf den Pelz brannte.

Kathedrale

Von der Kirche wieder auf der Hauptstraße der Oberstadt, führte der Weg direkt zur *Plaza mayor* und zur Kathedrale von Segovia. Welch unerwartete reine Schönheit, die da ins Auge fiel. Die Kathedrale ist ohne Zweifel eines der feinsten und elegantesten mittelalterlichen Kirchenbauwerke Spaniens. Der freistehende Turm strebt kraftvoll in den blauen Himmel, dicklich, vital und mit einer Energie, wie sie nur eine zum Himmel strebende und von einem unerreichbaren und jenseitigen Gott besessene Architektur verkörpern kann. Der Turm hatte mit seiner Aufrichtung etwas von einem mächtigen Baum im März, in dessen Stamm der Saft hochsteigt, um die Blätter auszutreiben. Die Kirche selbst mit der Apsis und den zu einem steinernen Gebirge aufgetürmten filigranen Türmen und Türmchen ist ein Werk reinster Architektur. In der Sonne leuchteten die Steine wie Gold und das Ganze war pur, rein und frei von jeglichem Schnickschnack.

Praktisch autofrei

Die Stadt war voller Pilger, fast ohne Autos. Was war ich froh, meine Erzfeinde weder sehen, hören noch riechen zu müssen. Man bekommt einfach ein besseres Gefühl von einer Stadt, wenn die Autos fehlen. Die Abwesenheit von Autos macht eine Stadt wieder zu sich selbst, zur Stadt *sui generis.* Man identifiziert sich als Fußgänger mit ihr, lässt sich von ihr nehmen, verschlucken, einsaugen, und man beginnt, die Stadt aus ihrem Bauch heraus zu lieben.

Kastilische Suppe

Zur Mittagspause wurde "Kastilische Suppe" probiert, die kulinarische Spezialität der Stadt sozusagen, neben dem Cochinillo, dem Milchferkel, das in der ganzen Stadt angeboten wird, denn es gilt als Spezialität Segovias und lockt Feinschmecker aus aller Welt in ihre Mauern.
Ich war neugierig, was sich hinter der kastilischen Suppe verbirgt. Sah eigentlich lecker aus, aber leider wurde sie lauwarm und nicht heiß serviert, die

Artischocken in der Brühe waren verkocht, das Brot in der Suppe labberig, der Eierstich zum Abwinken. Siebeck hätte die Suppe wohl kaum anders kommentiert. Ich habe die Suppe stehenlassen und mir ein Pfund grüne Bohnen bestellt. So etwas geht in Spanien. Es kamen dann die Bohnen allein, die Rechnung beglich ich für beides.

Plaza Mayor

Sie besteht aus einem schönen regelmäßigen Platz mit Arkaden mit einem großen Baum und einem Konzertpavillon in der Mitte. Dieser hier war leider zu einem Graffitischmierplatz mutiert. Ein Kiosk auf dem Platz, Geschäfte und Restaurants ringsherum fehlten auch nicht. Dazu die Marktkirche, das Ayuntamiento und die zentrale Touristeninformation. Heute war auf dem Platz ein großes Podium für eine internationale Musikveranstaltung aufgebaut.

Die Plaza war voller Menschen. Zahlreiche Jugendgruppen aus aller Welt mit ihren Landesfahnen hatten sich schwatzend und trommelnd auf dem Boden niedergelassen. Am Abend wurden auf der Bühne Jotas, kastilische Volkstänze, getanzt. Danach führten die verschiedenen Gruppen die Tänze ihrer Länder auf. Der Vollmond schien vom Himmel, die Kathedrale war angestrahlt, die Menschen saßen in langen Reihen, bier- oder weintrinkend, an den Tischen vor den Arkaden oder standen auf dem Platz und lauschten hüpfend der Musik.

Fiesta del pulpo

In der Unterstadt stieg gleichzeitig die *Fiesta del pulpo*, das galizische Fest des Tintenfisches. Aus an Bäume montierten Lautsprecherboxen dröhnte galizische Folklore. Im großen Festzelt mit den Ausmaßen einer kleinen Turnhalle schmorten in großen Pfannen meeresfruchtgeschwängerte Paellas. Schweinekeulen glotzten aus verbeulten Kochtöpfen, Tintenfische wurden mit Zangen aus dem Kessel gehoben, von Frauenhänden mit der Schere flink in Scheiben geschnitten. An den Biertischen saß ein zufriedenes Volk vor Tellern fetttriefender Kost, auf denen Miesmuschel- und Zitronenschalen sich zu wahren Gebirgen aufstapelten. Die Stimmung war bestens. Dicke Säuglinge schmatzten an Mutterbusen, Väter herzten ihre Kleinkinder und ließen ihre Frauen ungestört schwatzen und futtern. Spanische Familieninnigkeit mit Freunden! Schon beim alleinigen Zuschauen bekam man seine Glücksration ab. Man brauchte dazu gar nichts von dem Meeresgetier und dem Fleisch essen.

Abb. 16 Das galizische Fest

Radrennen von Weltformat

Früh gegen sieben weckte uns ein Megaphon vor unserem Fenster. Eine Parteiveranstaltung? Zu so früher Stunde? Ein Blick aus dem Fenster zeigte dann, was Sache war. Zweitausend Rennradler hatten sich unmittelbar auf dem Platz vor unserem Hotel zu einem Radrennen von offensichtlichem Weltformat versammelt. Und das startete heute in Segovia. Es handelte sich um ein Rennen durch die kastilischen Berge, benannt nach einem Radprofi aus Segovia, der vor zwei Jahrzehnten die Tour de France gewonnen hatte.

Was hat der Alcázar mit Sankt Jakob zu tun?

Der Morgen in der "Montagna" war angenehm kühl. Heute war der *Alcázar* angesagt, das Königsschloss der Stadt. Alcázar, das muss man arabisch hart sprechen, mit knallender Betonung auf dem mittleren "a", es muss klingen wie ein Befehl, ja, wie ein Mordbefehl. Man muss beim Aussprechen fühlen, wie der Säbel gezückt und sogleich der Kopf abgeschlagen wird, so ist es richtig. Man denkt bei dem Wort natürlich als erstes an eine Burg aus der Zeit der Mauren. Ist es aber nicht. Die stolze Burg war das Hochzeitsschloss der Katholischen Könige, Isabella von Kastilien und Ferdinand aus Aragón, wenn auch auf maurischer Vorgängerschaft errichtet, wenn ich richtig nach

Abb. 17, Santiago, der Maurentöter in Aktion

gelesen habe. Und so, wie es sich heute präsentiert, ist es eine romantische Rekonstruktion des 19. Jahrhunderts, makellos restauriert.
So daneben war ich dann doch nicht mit meiner phonologischen Reflexion, denn im Inneren gab es ein Gemälde von Santiago, dem Maurentöter, und zwar ein besonders drastisches: Santiago, auf einem weißem Zelter über abgeschlagene Mohrenköpfe reitend, Köpfe und Pferdehufe, welche die Köpfe zertreten, als würde das Pferd auf Nüssen herumtrampeln. Mauren töten, *as much as possible*, das war bei den Kriegern der Reconquista das Motto und noch im Don Quijote hallt das nach, wo Cervantes, den frisch zum Ritter geschlagenen Don Quijote sagen lässt:

"'Ich erinnere mich, von einem spanischen Ritter namens Diego Pèrez de Vargas gelesen zu haben, dem in einer Schlacht das Schwert geborsten war, und da riss er sich einen schweren Ast ab oder den Stamm einer Steineiche und vollbrachte am selben Tag derlei Taten damit, zerschlug so viele Mauren zu Matsch, dass er den Beinamen Machuca erhielt ... Das erzähle ich dir, weil ich der ersten Stein- oder Stieleiche, die mir begegnet, ebenfalls einen Ast ausreißen will ... Und so gewaltige Heldentaten will ich damit vollbringen, dass du dich glücklich schätzen kannst, sie sehen zu dürfen...'" (Cervantes: Don Quijote von der Mancha .Neu übersetzt von Susanne Lange. Hanser. München: 2008, S.78).

Ob die frommen Sankt Jakobspilger wissen, dass ihr geliebter Sankt Jakob, den sie in sonst ja meist nur als frommen Fußpilger zu Gesicht bekommen, auch für derlei Zwecke nützlich war?
Den Festsaal der Burg "schmückte", dem ersten christlichen Anlass entsprechend, ein riesiges, sehr dem faschistoiden Kunststil angeglichenes Wandgemälde aus den dreißiger Jahren, die Vermählung zwischen Ferdinand von Aragon und Isabella von Kastilien darstellend. Sie waren es, die Spanien zu einem rein katholischen Land gemacht haben, indem sie den Sepharden und den Mauren und gleich danach den *Moriscos,* den zum Christentum übergetretenen *Mauren* und den Conversos, den konvertierten Juden, den Garaus machten. Dabei wären sie selber ja ganz gut mit den Morisken und den Konversen klargekommen, denn die Morisken waren geschickte Maurer und Handwerker und die jüdischen Konvertiten wirtschaftliche Genies, die dem Land nur nützten. Aber die Volksstimmung war gegen die Andersgläubigen, und die erst wenige Jahrzehnte zuvor errichtete Inquisition, von Papst Gregor IX angezettelt und vom Orden der Dominikaner durchgeführt, verfolgte unerbittlich jeden Ansatz von Unglauben. Unter dem Regime der Katholischen Könige, also *Ferdinand* und *Isabella,* fiel Granada, die letzte Maurenbastion, im Jahr 1492, im selben Jahr, als Kolumbus nach Amerika aufbrach. Und

damit sank das arabische Spanien für immer dahin. Ganz natürlich nicht, denn unzählige Bauwerke, arabischer Sound in der Sprache und die Grundmentalität blieben erhalten, eben das, was viele an Spanien heute so lieben.

Hässlichkeit der Kunst

Auf dem großflächigen Gemälde, übrigens in den expressionistischen Farben der italienischen Renaissance, mit leuchtendem Grün, Blau und Gelb, aber auch "katholisch verkniffenem" Violett ausgeführt, waren die geladenen Hochzeitsgäste ganz im Stil von Herrenmenschen ausgeführt: Mit leeren Augen führten da säuerlich streng schauende Mütter, böse, bockig und hohläugig guckende und vom Anlass offensichtlich gelangweilte Kinder an der Hand. Eine Italienerin, eine Touristengruppe an diesem Bildwerk vorbeilotsend, drehte sich voller Abscheu von dem flüchtig Geschauten ab und rief: "Que brutto, que brutto!" (Wie abscheulich!) Und dann, beim Hinausgehen, wiederholte sie ihren Ausruf angewidert noch zwei Mal und verließ mit ihrer Gruppe indigniert den Saal.

Burggraben

Der Graben um das Schloss, vollständig aus dem Felsen herausgeschlagen, floss als blaues Rinnsal tief unter der Brücke zum Alcázar durch. Man wunderte sich, woher das Wasser seine blaue Farbe hatte. Von oberhalb des Burggrabens konnte man sehr tief in den Abgrund hinabblicken, um es mit der Angst zu tun zu kriegen. Es war ein alptraumartiger Graben, der einem grässliche Träume hätte bescheren können, hätte man sich zu weit über das Brückengeländer gehängt.
Von den Mauern, die den Alcázar umzingelten, genoss man einen weiten Blick in die Meseta. Don Quijote und Sancho Pansa ritten als kleine Maiskörner in weiter Ferne und lösten sich irgendwo im Horizont auf.

Am Kiosk

Draußen, der Souvenirladen hatte allerlei Getöpfertes in der Auslage. Neben Tellern, Tassen und etlichem Schnickschnack gab es auch Krüge, deren Schnäbel dem männlichen Geschlecht nachgebildet waren, eben die romanische Witzkultur, die es mehr mit den Eiern hat als die deutsche, die den analen Witz bevorzugt und die eher Gartenzwerge ausstellen würde, die mit ihren Hinterteilen um die Gunst der Käufer werben. Eine deutsche Touristin brachte ihre Kamera gezielt in Anschlag. Da schoss der Geschäftsinhaber wie ein Torpedo aus seiner Bude und herrschte die Arme an, die die Krügchen vielleicht ja nur originell fand: "No, no, no, no si saquen fotos de eso!" "Nein, nein, nein, davon schießt man keine Fotos!" Seine Stimme ratterte dabei wie eine Maschinenpistole. Nicht gerade absatzfördernd!

Abb. 18, Meseta

San Milan

Sexuelle Darstellungen finden sich nicht nur in profanem Zusammenhang sondern zum Beispiel auch an den Figurenfriesen romanischer Kirchen. So gesehen in *San Milan,* einer der ältesten romanischen Kirchen Segovias, in der Unterstadt gelegen. Ganz oben im umlaufenden Figurenfries der Kirche und mit bloßem Auge kaum zu erspähen, so hoch oben befand sich das Fries, war eine Frauenfigur zu erkennen, in hockender Stellung ihren Rock lüftend. Daneben zwei Männer, nackt, offenkundig in homoerotischer Handlung befindlich. Einer fasste an die einschlägige Stelle, der andere ließ es geschehen. Im Fall der Frau könnte es sich auch um eine Gebärende gehandelt haben und

Abb. 19, Antonio Machado

im Fall der Männer vielleicht auch um eine Geschäftsverhandlung oder um einen Geschäftsabschluss, der auf diese Art besiegelt wurde. Quién sabe?
San Milan, die älteste romanische Kirche der Stadt, war noch geöffnet, obwohl es schon spät war. Ein rein schmuckloser unrenovierter romanischer "Schuppen". Drinnen fand eine Marienlitanei statt, die endlos ging.

Cochinillo

Das regionale Traditionsmenu schlechthin, welches man in jeder Gaststätte in Segovia findet, ist das Cochinillo, das Milchferkel. Ich hatte bei dem Wort nichts anderes im Kopf als eine kleine Portion knuspriger Schweinebraten und wollte das mal in einem Lokal der Stadt kennenlernen. Also gab ich eine entsprechende Bestellung auf. Aber das Ferkelchen, das nach ungefähr zwanzig Minuten am Nachbartisch aufgetragen wurde, schaute, das Schnäuzchen vorgeschoben und die Öhrchen über den Tellerrand gelegt, so treuherzig über den Rand seiner Servierschüssel zu mir herüber, da konnte ich es nicht übers Herz bringen, so etwas zu essen und machte meine Bestellung rückgängig.

Museum Antonio Machado

Der große Sohn Segovias ist der Dichter und Lyriker *Antonio Machado,* 1875 in Sevilla geboren, 1939 in Collioure, an der spanisch-französischen Grenze, auf der Flucht vor Francos Schergen, gestorben. Er war ein leiser Dichter, ein immerwährender Wanderer und genauer Beobachter der Menschen und Landschaften der Mancha.

1899-1907 entstand sein Gedichtzyklus SOLEDADES, dessen erste drei Gedichte mit "El viajero" tituliert sind. Schon in der Überschrift findet sich Machados Lebensthema: Das Leben als eine Reise mit Zielrichtung Endlichkeit.
Ich nenne hier, damit der Leser eine Vorstellung von Klang und Thematik bekommt, ein Beispiel:

El Viajero

He andado muchos caminos,
he abierto muchas veredas;
he navigado en cien mares,
y atracado en cien riberas.
En todas partes he visto
caravanes de tristeza,

superbios y melancólicos,
borrachos de sombra negra,
y pedatones al pano
que miran, callan y piensan
que saben porque no beben
el vino de las tabernas.
Mala gente que camina
Y va apestando la tierra.
Y en todas partes he visto
gentes que danzan o juegan,
quando pueden, y laboran
sus quatro palmos de tierra.

Nunca si llegan a un sitio,
preguntan a dónde llegan.
Cuando caminan, cabalgan
A lomos de mula vieja,
y no conocen la prisa
ni aún en los días de fiesta.
Donde hay vino, beben vino;
donde no hay vino, agua fresca.
Son buenas gentes que viven,
Laboran, pasan y suenan,
Y en un día como tantos,
descansan bajo la tierra.

Der Umherziehende

Viele Wege bin ich gegangen,
viele Pfade habe ich beschritten,
hundert Meere habe ich durchfahren,
hundert Flüssen bin ich gefolgt,
und überall kamen mir,
Karawanen von Traurigkeit entgegen:
Stolze Menschen und trunkenschwarze Schatten
der Betrübnis,
um Brot bittend,
schauend, schweigend, in Gedanken versunken,
wissend, warum sie den Wein der Tavernen
nicht trinken.

Böses Volk sah ich umherlaufen
und die Erde verpesten.
Und allerorts habe ich Menschen
tanzen und spielen sehen, und,
so sie vermochten,
ihre vier Flecken Erde beackern.

Und, irgendwo angekommen,
fragen sie nie: Wohin sind wir gelangt?
Auf dem Rücken eines alten Maultieres reitend
haben sie keine Eile
selbst nicht an Festtagen.

Wo es Wein gibt,
trinken sie Wein;
wo es keinen gibt,
frisches Wasser.

Gute Leute sind es.
Sie gehen vorüber und träumen.
Und an einem Tag, wie an so vielen,
ruhen sie unter der Erde.

Wenn man das Gedicht öfters laut liest, dann trottet es, wie ein Esel oder ein Pferd, und man vernimmt das "Hinundhergetrotte" des Lebens im Rhythmus des Gedichts, das Leben in der Pampa und in den Provinzstädtchen der Mancha, man trottet neben den Leuten von damals her, ein ewig Gleichförmiges, Kreisläufiges, von der Geburt bis zu dem Tod und umgekehrt.

Nicht alle Gedichte Machados zeigen diese Schwermut. Da gibt es auch fröhliche, zum Beispiel eines, das das Lachen von Schulkindern auf dem Schulweg nach Hause evoziert. Während seiner Zeit in Segovia war Machado nämlich Französischlehrer gewesen. Dort lebte er in einer Pension, heute das Machado-Museum der Stadt Segovia.

La plaza y los naranjas encendidos
Con sus frutas redondas y risuenas.
Tumulto de pequenos colegiales
Que, al salir en desorden de la escuela,
Llenan el aire de la plaza en sombra
Con la algazara de sus voces nuevas.
!Alegría infantil en los rincones
de las ciudades muertas !...
!Y algo nuestro de ayer, que todavía
vemos vagar por estas calles viejas !

Lachende Orangen

Die Plaza, die ihre Orangenbäume
Mit runden lachenden Früchten erstrahlen lässt,
Schulkinder,die lärmend aus der Schule schwirren
Und mit dem Jauchzen ihrer jungen Stimmen
Die Luft des schattigen Platzes füllen.
Kindliche Freude in den Winkeln der toten Städte!
Und auch etwas von uns, von gestern,
Was auch heute noch durch die alte Gassen zieht!

In einem anderen Gedicht lässt er die grünen Plätze aufleben, aus deren Brunnen das Wasser gluckert und dann schweigt:

!Verdes jardinillos,
claras plazoletas,
fuente verdinosa,
donde el agua suena,

donde el agua muda
rebala en la piedera...

Grüne Gärtchen

Grüne Gärtchen
Grüne Plätzchen
Vermooster Brunnen
Wo das Wasser gluckert
Wo das Wasser verstummt
Und murmelnd in die Rinne plätschert.

Abb. 20, Granatapfel

Man könnte verrückt werden, so schön ist das.

Machado ehemaliges Wohnhaus ist ein liebenswerter kleiner Bau in einer ruhigen Seitenstraße der Altstadt von Segovia, mit Gärtchen davor. Eine sympathische und blitzgescheite Studentin führte uns durch die einst von Machado bewohnten Räume, als er in der Stadt als Lehrer tätig war.

Abb. 21, San Lorenzo, 0864

Die Zimmer sind alle original und ohne jedweden Schnickschnack erhalten. Die Studentin mit den langen schwarzen spanischen Haaren zeigte Machados Haushaltsgeräte vom Waschbrett bis zum Buttertopf und referierte dabei ganz zwanglos die Lebensgeschichte des Autors, der 1939 auf der Seite der Republikaner stand und durch den Bürgerkrieg, in völliger Armut nach Frankreich fliehend, umkam.

Maria Himmelfahrt. Spaziergang nach San Lorenzo

Heute, an Maria Himmelfahrt, in Spanien das Fest der Feste, verkündete die Provinzzeitung vibrierende Feststimmung: "La provincia vibra en fiestas", aber eben in der Provinz, das hieß *Cantaléjo, Hontanares,* und nicht Segóvia. In Segóvia gab es lediglich einen Gottesdienst in der Kathedrale für die Weltjugendtagsjugend. Die Dörfer waren ohne Auto nicht zu erreichen. Einen Bus hätte man an einem Tag wie diesem auch keinen bekommen.

So wurde es halt stattdessen ein Spaziergang nach San Lorenzo, eine kleine manchegische Ortschaft vor der Stadt, gut zu Fuß erreichbar.
Es handelt sich um ein typisches Dorf, wie man es sich im Don Quijote vorstellen muss: Im Halbrund um einen Platz herum angeordnete Häuser, zwei Kneipen und eine Dorfkirche. Zum heutigen Himmelfahrtsfest war der Dorfplatz mit Girlanden geschmückt, ansonsten gab es keine Menschen, aber absolute, schläfrige Stille. Wahrscheinlich war das Volk schon in der Kirche, um das Marienfest zu begehen. Und so war es auch. Die Figur des Lorenzo war mit frischen Blumen geschmückt, in der Hand hielt er seinen Bratrost. Das Kirchenvolk war gerade dabei, am Altarpult Fürbitten vorzutragen, einer nach dem anderen, der Reihe nach. Jeder, der nach vorne ging, verneigte sich, aber nicht vor dem Allerheiligsten, nicht vor der Jungfrau, sondern vor San Lorenzo.

San Lorenzo ist eine sehr alte romanische Kirche, schlicht und schnörkellos, wunderschöne alte Romanik in Reinform. Einige Kapitelle an der Außenwand der Apsis zeigen Heiligenszenen. Eigentlich war mit bloßem Auge kaum zu erkennen, was sie darstellten, doch nach ein paar Minuten ausharrenden Hochschauens wurde es klar: Es konnte sich nur um die Röstung des heiligen Laurentius handeln. Man erkannte nach und nach die Szenen aus seiner Vita, nachzuschlagen in der Legenda Aurea des Jacobus de Voragine: Wie dem Laurentius der Prozess gemacht wird, wie ihm die Kleider weggenommen, die Reisigbündel unter dem Rost aufgeschichtet werden, wie das Feuer darunter entfacht wird, wie der Blasebalg, von zwei Gehilfen betätigt, das Feuer am Laufen hält. Schließlich sieht man den Heiligen selbst, in zwei Darstellungen, der Länge nach auf dem Rost liegend, zuerst kräftig und noch frisch, zu Späßchen bereit (so berichtet es jedenfalls die Legenda Aurea), dann schon tot, zu einem mageren Schnitzel zusammengeschrumpft. Naiver Ernst in den Gesichtern der Betrachter des Geschehens und Feuereifer in den Mienen der Anheizer des Röstgrills. Fast haut einen der Realismus der Darstellung des schnöden Ereignisses um.

Tal des Río Eresma

Auf der Nordseite umgibt ein wildes, schluchtartiges Tal die Stadt, durch das der Río Eresma fließt. Man muss viele Treppen hinabsteigen, um ins Tal zu gelangen. Unten herrscht eine grüne Wildnis, ein Erholungsgebiet erster Güte für die Segovianer, mit den schönen Garten- und Parkanlagen sehr benutzerfreundlich. Der Fluss darf wild und ungehindert fließen. Kleine Brunnen zieren die Grünflächen, der ganze *Locus amoenus* ist von hohen Bäumen und Sträuchern dicht bewachsen. Wasserpflanzen treiben auf dem Fluss dahin. Hier gibt es Schatten satt, saftiges Grün, das dem kargen und trockenen Land sonst fehlt. Heute, am Festtag, waren die Einheimischen mit Kind und Kegel unterwegs.

Kloster Parral

An den Nordhängen der Stadt, auf dem anderen Ufer, finden sich zahlreiche Kirchen und Klöster, zum Beispiel die *Hieronymiten* mit dem Kloster Parral. Das spanische Königshaus stand diesem Orden in seiner Geschichte immer sehr nahe.

Wir nahmen an, dass doch hier wenigstens ein Himmelfahrtsgottesdienst stattfinden würde. Aber oben am Berg angelangt, standen wir vor verschlossener Tür. Das Kloster wirkte zugeriegelt. Gab es da vielleicht einen Türklopfer, irgendetwas wie ein Informationsschild? Da war nichts. Ein weltberühmtes Kloster ohne Gottesdienst zum Himmelfahrtstag, einfach unvorstellbar!

Aber der Türklopfer fand sich dann doch, an einem Seitengebäude. Ein Klosterbruder gestattete einen kurzen Blick hinter die Tür, ein hübscher kleiner Kreuzgang meditierte da vor sich hin bzw. es wurde gerade geputzt. Die Putzfrauen schauten nicht gerade erfreut.

Gegen zwölf gab es dann doch die Himmelfahrtsmesse, und die gut sechs Meter hohe Kirchentür des Klosters öffnete sich. Ein paar Leute fanden sich ein, so drei, vier, mehr wurden es nicht. Außen war die Kirche arg ramponiert, aber im Inneren war sie wieder schön restauriert worden. Jetzt leben dort vierzehn Mönche des Hieronymitenordens in Klausur.

Im Chorraum ein erschlagender, wohl an die dreißig Meter hoher, holzgeschnitzter Marienalter, der bis an die Decke reichte, in den Kassetten des Altars Szenen aus dem Marienleben. Weihrauchschwaden durchzogen den Raum, von honigfarbenen, durch das hohe Kirchenfenster eindringenden Sonnenstrahlen durchbrochen. Drei alte Mönche hingen halb schnarchend im

Chorgestühl, die Augen geschlossen, die schweren müden Köpfe auf ihre Arme gestützt. Wie Urgestein aus Francozeiten, mit ihren mit Leberflecken übersäten Gesichtern und dem schütteren Haar nicht mehr ganz zeitgemäß. Erst als der Abt in gelbem Feiertagsornat den Chorraum in Begleitung eines weihrauchfassschwenkenden Mönches betrat, belebten sich die "Holz"-köpfe. Nachdem er den Altartisch mehrmals umschritten und sein Gehilfe diesen mit weit ausholendem Schwenken des Weihrauchfasses noch vollends eingenebelt hatte, nahm der Abt Platz auf seinem Stuhl. Seine Lehne war gut fünf Meter hoch, der Abt in seinem gelben Feiertagsornat füllte den Sitz vollständig aus. Als er sich dem Möbel ganz angeschmiegt hatte, mit ihm sozusagen eins geworden war, wurde eine Passage aus der Apokalypse verlesen. Darauf stimmte der Abt, von seinem Platz aus mit glockenreiner Stimme einen Singsang an. Manchmal brach die Stimme ab, aber dann kriegte sie wieder die Kurve. Und sie klang wirklich engelsgleich, hell wie eine Mädchenstimme. Die alten Herren im Chorgestühl merkten sehr wohl, dass fotografiert wurde und schielten streng ins Kirchenschiff, um dann aber sogleich wieder wegzudösen.

Wiesenpredigten zum Weltjugendtag

Weiter am Fluss entlang reihte sich Kloster an Kloster, Kirche an Kirche. Es war heiß, in den Kirchen wedelten sich die Gläubigen mit ihren Fächern Luft zu. Die fächerschwingende Gläubigenmenge ließ den Gottesdienst vibrieren und brachte eine eigenartige, rasante Note in das sonst eher strenge Ritual.

Vor der Kirche hatte sich die internationale Teenagerszene in kleinen Grüppchen auf den Wiesen niedergelassen. Mit ihrer jugendlichen Begeisterungsfähigkeit lauschten sie den Worten ihrer Mentoren, die Hitze mit großen Schlucken aus ihren Wasserflaschen abwehrend.

Ein barfüßiger junger Mönch in brauner Kutte und mit leichtem Ziegenbart predigte zu einer italienischen Gruppe. Man hätte ihn, mit seinem ausgestreckten Finger mit dem heiligen Franziskus verwechseln können. Unablässig zitierte er die Ermahnungen und poetischen Sätze der Teresa von Avila, ohne jedoch deren Verzückung auch nur annähernd zu erreichen. Er wirkte eher wie ein Lehrer Lämpel in geistlicher Verkleidung. Aber die Jugend hat's gefreut.

Speisung der Tausenden

Am Ufer des Eresma, vor der Kirche, folgte dann die Speisung der Tausenden. In großen, eigens dafür aufgestellten Zelten stapelten sich unzählige Schachteln mit Baguettestangen. Köche mit frischgestärkten Kochhauben und in der Kleidung ihrer Zunft rührten in riesigen Paellapfannen, warfen tiefgefrorene Garnelen päckchenweise in das heiße Öl. Es kamen immer neue Gruppen, singend, trommelnd und hungrig, mit den großen, zwischen zwei tragbaren Stäben aufgespannten Transparenten der Neokatechumenen, der neuen Evangelisationsbewegung, welche die katholische Kirche seit einigen Jahren weltweit in Gang setzt. Brasilien, die Kanaren, der Kongo, Madagaskar, Italien, Angola und Portugal und viel andere Länder der Welt waren vertreten. Manch einer schlug mit einem Stecken auf Glocken, so dass man sich inmitten einer Ziegenherde wähnte.

In einer Brauereigaststätte der Innenstadt bogen sich die Platten von den unzähligen *cochinillos,* die hier in rauhen Mengen verzehrt wurden. Die süßen Milchschweinchen, unter ihnen nicht wenige aus dem Mutterleib herausgeschnittene Föten, lagen mit Kopf, Pfoten und Ringelschwanz hingegossen auf den Tellern, von brauner Sauce umschwommen. Unschuldige Opfertierchen für den ewigen Fleischfresser namens Mensch, dazu Bier und Wein in Strömen. Wir waren mitten im spanischen Geschnatter angelangt, von dem man nie genug bekommen kann. Stammt der Mensch in seinen Ursprüngen doch von den Vögeln ab und liebt es, in der Kolonie zu schmausen?
Der Meisterkoch mit Ordensband über der Brust ging von Tisch zu Tisch und erkundigte sich bei den Gästen, ob die Schweinchen geschmeckt hätten. Wir selbst haben von den Ferkeln nicht probiert, doch allein die Atmosphäre in der schweinchenfressenden Horde war ansteckend.

Templerkirche Veracruz

Eine Wanderung in der Abendsonne entlang der Kante eines Steilhangs vom Kloster Parral bis zur kleinen Templerkirche *Vera Cruz*, mit Blick auf den tiefgrünen Eresma, sorgte für die vollkommene meditative Stimmung. Das achteckige Kirchlein des Templerordens, mit dem breiten romanischen Kampanile an seiner Seite, steht frei in der Landschaft. Es handelt sich um eine der wenigen Spuren, die vom Templerorden geblieben sind, und stammt vom Beginn des 13. Jahrhunderts. Der Templerorden wurde durch die Inquisition liquidiert, seine Bauwerke weitgehend zerstört, da die Templer den *Hunden*

der Inquisition - das war damals niemand anders als die *Domini canes*, die Hunde des Herrn, also der Dominikanerorden und seine Machtelite - verdächtig geworden waren, ihr Glaube ferner nicht lupenrein war und somit ausgemerzt werden musste. In Wirklichkeit war der Templerorden sehr reich, und da gab es etwas zu holen. Schon damals waren finanzielle Interessen der herrschenden Schichten im Spiel, der Geldbedarf der spanischen als auch der französischen Königshäuser war riesig und die Konfiszierung fremden Besitzes eine satte Einkommensquelle. Da sprachen sich die interessierten Königshäuser schon auch mal über die Länder hinweg ab. Umso wertvoller ist jedes Überbleibsel, das heute noch Zeugnis von den Templern ablegt.
Leider war das Innere nicht zu besichtigen, aber uralte Relieffiguren über dem Portal sorgten für kunsthistorisches Grübeln. Wieder fand sich hier nämlich die Abbildung der hockenden Frau in Gebärstellung, oder war das vielleicht die Darstellung einer Frau, die eben nur mal musste? Hier wäre ein Fachmann aufzusuchen.

Judenviertel - Judería

In vielen Städten Spaniens gibt es die Juderíen, die ehemaligen Wohnviertel der jüdischen Bevölkerung. So auch in Segovia. Doch durch die Glaubensbereinigung der katholischen Könige Ende des 15. Jahrhunderts - hinter der massive Interessen des Dominikanerordens steckten - ist die sephardische Bevölkerung wie alle Andersgläubigen aus dem Land gefegt worden. Spanien sind ungeheure Ressourcen geistiger und materieller Art verlorengegangen. Besonders grausam richtete sich der Hass des Volkes und der ihn schürenden Dominikaner gegen die nach 1492 zum Christentum konvertierten Juden. Man nahm ihnen ihre Bekehrung zum christlichen Glauben nicht ab und unterschied zwischen *alten* und *neuen* Christen. Wie heute den Personalausweis, musste man bei einer Kontrolle durch die Inquisition sein *reines christliches* Blut nachweisen. Und das über Generationen hinweg. Kennen wir das nicht von unseren Ahnentafeln, die unsere Eltern oder Großeltern den Ortsgrupppenleitern als Ariernachweis vorzulegen hatten? Die heilige Inquisition roch förmlich jeden, der nicht "reinrassig christlich" war. Nur ein solcher durfte sich Caballero nennen. Christentum als Rassemerkmal sozusagen.

Jeder Andersgläubige musste sich als Folge dieser totalen und totalitären Repression äußerlich vollkommen verschließen. Selbst Heilige wie Teresa von Àvila, deren Vater jüdischer Herkunft war, war mehrmals von der Inquisition bedroht. Ihr Vater musste sich das Recht, sich weiterhin Hidalgo nennen zu dürfen, durch Entäußerung eines Großteils seines Besitzes erkaufen! Die im sechzehnten Jahrhundert stark erfolgte Innenwendung zur Mystik (auch eines Juan de la Cruz), ist auf diesem Hintergrund viel verständlicher. Wenn bei irgendeinem öffentlichen Anlass mit Speisefolgen ein *Converso* Schweinefleisch liegen ließ, wurde er sofort als ungläubig identifiziert und musste sich rechtfertigen oder wurde verfolgt, oft bis zum Tod. Die Konvertiten wurden auch gezwungen, öffentlich die Jungfrau Maria anzubeten. Wehe, jemand kleidete sich am jüdischen Sabbat auffällig! Sofort war er als falscher Christ geortet. Alle Mittel totalitärer Repression waren zu dieser Zeit durch die Inquisition schon angelegt und wurden auch praktiziert (Quelle: nach Georg Bossong, Die Sepharden, vgl. Literaturverzeichnis).

Heute gibt es in den ehemaligen jüdischen Vierteln Museen und Kulturhäuser, die ein Stück der jüdischen Geschichte wieder ins Bewusstsein rufen und an den Wahnsinn dieser durch die katholische Elite betriebene Vernichtungs- und Vertreibungsaktionen gemahnen.
In den Gassen der Judería in Segovia haben sich heute kleine Handwerkerläden und jüdische Lokale niedergelassen, die von Sepharden, Arabern oder auch spanischen Katholiken betrieben werden. Im *Sefardi*, einem Lokal in der *Judéria* gab es syrisches Essen. Der Wirt war ein junger Syrer, dessen Familie gerade zu Besuch weile. Im Gespräch meine er, seine Familie besser hier behalten zu sollen, da die politische Lage zu gefährlich sei.

Abendflug der Störche

Am Abend kreisten über San Martín Störche. Bis spät in die Nacht spazierten wir auf und ab und kreuz und quer durch diese schöne Stadt, deren Zauber sich bis in unsere Zehenspitzen ausbreitete. Ich gab Machado, von dem eine seine Individualität sehr treffende Statue auf der Plaza Mayor steht, ein Küsschen und kraulte ihn im Nacken. *Machado* fing an wie eine Katze zu schnurren und setzte ein leicht melancholisches, halb ironisches und warmherziges Lächeln auf.

El ratón

Dann muss man hier auch von der *Maus* erzählen, auf Spanisch *ratón*. Eine große Maus sozusagen, ein Stier namens Maus. *El País* berichtet zur Zeit täglich von ihm.

Kein Tag vergeht in Kastilien nämlich ohne Stierfeste, auf Spanisch "Encierros" genannt, die immer mit einem Volksfest verbunden sind. Die Jungstiere, in Spanien *Novillos* genannt, werden unter großer Volksbeteiligung durch die Straßen der Innenstadt getrieben. In Kastilien allein gibt es in den Monaten Juli und August sechstausend Encierros. Die Straßen werden dazu eigens abgesperrt, so dass eine Route für die Tiere entsteht, entlang der sie und die jungen Männer laufen. So können die Stiere während des Rennens nicht in eine Seitenstraße ausweichen. Meist sind es junge Männer, aber inzwischen auch immer mehr junge Frauen, die vor den Stieren herrennen, sie zu reizen oder deren Hörnern auszuweichen versuchen. Sie werden Corredores, Läufer, genannt. Durch Zurufen von Balkonen, Fenstern und Absperrgittern heizen die Zuschauer die jungen Wagehälse an, die in großer Zahl auf solchen Festen anwesend sind. Die Verbindung zwischen einem Stier und einem jungen Mann ist beim Stierlauf sogar so eng, dass die Spanier dem Stier sogar den "Ehrenplatz" des direkten Objekts im Satz gegeben haben. So heißt es nicht, dem Stier hinterherlaufen, sondern, *den Stier laufen, correr el toro*. Ein Encierro ist aber keine Corrida, die findet immer nur in einer Arena statt.

Für den Kampf in der Arena gebraucht man heute das Wort *Corrida,* und für den Stierlauf auf der Straße hat man das Wort Encierro. Bei letzterem rennen die Stiere im Zickzack durch die Straßen, vor und zurück, gedreht und in Spiralen, je nachdem, wen sie gerade auf dem Kieker haben. Man muss aufpassen, nicht an eine Hauswand gequetscht zu werden und fix ausweichen - und wenn es ein Stockwerk drüber ist und der Läufer sich so lang am Fenstersims des oberen Stockwerks festhalten muss, bis der Stier seine Wut ausgedampft hat und weitergaloppiert ist.

Es sind übrigens nicht alles Stiere, die da rennen, sondern meist nur einige ausgewählte, im Gefolge einer viel größeren Zahl von Ochsen.

Im Unterschied zum traditionellen Stierkampf gibt es beim Encierro keine Toreros, Picadores und Matadores, sondern eher umgekehrt. Hier wird der Stier gelegentlich unter Einsatz seines Horns, *Asta*, zum Picador oder, wenn es schlimm kommt, zum *Matador.* Seit 1900 hat Spanien beim Encierro fünfzehn Burschen an den Stier verloren, angesichts der Zahl der nach einem Stierlauf massenhaft verspeisten Stiere keine beeindruckende Zahl. In Wirklichkeit dürfte die jedoch wesentlich höher liegen.

Und nun zum *Ratón:* El País berichtet schon seit zwei Tagen von diesem feurigen und hochpotenten Stier mit dem etwas verniedlichenden Namen Maus. Dieser Ratón habe in den letzten zwei Tagen eine ungeheure Wertsteigerung erfahren, nachdem er durch den Stoß seiner Hörner zwei Menschen getötet hatte. Allein dadurch ist sein Wert von 2000 auf 10 000 Euro gestiegen. Mit der Anzahl der Menschen, die ein Stier verwundet oder getötet hat, steigt der Preis, den der Ganadero, der Züchter erzielen kann, wenn er den Stier weiterveräußert. In dem von El País berichteten jüngsten Fall waren die Getöteten jedoch keine geübten Stierläufer, die den Stier kunstvoll gereizt hätten, sondern betrunkene Halbstarke, die über das Absperrgitter gesprungen waren, im Glauben, sie könnten dem Stier entwischen, indem sie ihm auf den Kopf sprängen.

Die Maus muss nun ihre Taten keinesfalls mit dem Tod bezahlen, sondern sie wird im kommenden Jahr gewinnbringend beim nächsten Stierfestival eingesetzt werden und dort die Stimmung anheizen.

Die Presse zeigte mit den Fotos der Maus, die über Tage in verschiedenen Blättern zu sehen waren, ein Tier, an dem alles perfekt war: das Fell, die Zeichnung des Stirnwappens, die Kraft, mit dem es sich auf seine Herausforderer stürzte und der unbedingte Wille, zu überleben. Die Bilanz seit seinem ersten Einsatz: 3 Tote, 22 Verletzte und eine wachsende Anzahl von Bewunderern und empörten Stierkampfgegnern. Und es besteht sogar schon der Plan, ihn zu klonen, damit die Region auch in Zukunft so einen tollen Herausforderer für die Jugend der Ortschaften von Kastilien und der Estremadura hat, wo die Stierläufe ebenfalls weitverbreitet sind.

Doch nicht nur für junge Männer und Zuschauer ist das Stiertreiben eine Freude, gibt es doch auch Kinder- und Seniorenvarianten des Encierros, wovon ebenfalls immer wieder in der spanischen Presse berichtet wird. Für Kinder werden aufblasbare Gummistiere bereitgestellt, die ihnen Beine machen und ihre Ausweichgeschicklichkeit trainieren sollen. Der Ethnologe Karl Braun zeigt in seinem exzellent recherchierten Buch " Der Tod des Stiers" (Beck. München 1998), ein Foto, auf dem eine riesige Stierattrappe mit weichen Hörnern (wie weich die tatsächlich sind, oder ob sie sogar ein bisschen hart sind, lässt sich auf dem Foto leider nicht erkennen), in ein Paar greisenhafter Leutchen fährt, die lustschreiend, der Attrappe zu entfliehen versuchen. Ich selbst bin ihn Oberösterreich einmal auf einem elektrisch betriebenen Stier in einem Rodeo geritten und auf eine böse Art abgeworfen worden, dass mir noch Wochen später der Steiß wehtat.

AVILA

Heute ging es mit dem Bus weiter durch die braune, sonnenverdorrte Pampa nach Avila. Auf der Fahrt gab es zwar keine Solarzellenanlagen, aber viele verdorrte Sonnenblumenfelder. Dann ramponierte, staubige Dörfer mit aufgegebenen Fußballfeldern, auf denen das Gras meterhoch wucherte. Daneben hochmoderne Sportplätze, wie zum Beispiel in Madrona. Im nächsten Dorf spielten Kinder in der prallen Sonne Fußball auf dem staubigen Schulsportplatz.

Zwischen den Dörfern eingefallene Hütten, in denen sich Esel mit dem Schwanz die Fliegen von den Flanken wedelten. Im Hof eines Steinmetzes standen kopflose Engel herum. Zwanzig Kilometer vor Ávila kilometerlange Windradstrecken. Das Land wie ein gelbes, welliges Tuch, gelb vom Gras, gelb vom Stroh, verdorrt und staubig. Der Fahrer schnatterte die ganze Strecke mit einem Kumpel auf dem Begleitersitz. Ein Schild: *"Bitte mit dem Wagenführer reden",* hätte hier wunderbar gepasst, denn im redseligen Spanien ließe sich nie, wie im Land der teutonischen Verwaltungsschädel, ein Redeverbot mit dem Fahrer durchsetzen.

Ich vertrieb mir, wenn ich nicht gerade aus dem Fenster schaute, die Zeit mit Teresa von Avila's Hauptwerk *"Die innere Burg".* Was suchte ich da? Ich glaube eigentlich nichts, und ich fand auch nichts. Es ging mir so, als ob ich von Zimmer zu Zimmer hastete, auf der Suche nach Glückseligkeit, aber ich fand sie nicht.

Und wirklich, in keinem Zimmer war da was. Und dabei hatte die Heilige doch versprochen, dass im nächsten Zimmer etwas Besonderes komme, und nicht einmal im siebten Zimmer geschah etwas, zumindest nichts Greifbares. Immerhin: Bei Teresa von Avila gelangt das Gewürm - so nennt sie die für das Laster anfällige Menschheit - nur bis ins erste Zimmer, so dass man wenigstens davor seine Ruhe hat, wenn man es mal bis zum zweiten Zimmer geschafft hat. So entschloss sich mir zumindest *ein* Sinn des wunderschön formulierten Werks der Heiligen, dass man sich auf dieser Welt nichts anfechten lassen soll. Säkular ausgedrückt: eine schöne Lehre der Gelassenheit.

Ankunft. Vor den Stadtmauern.

Aber dann die Stadt mit ihrem dicken Mauerring und den achtzig Wehrtürmen, welch ein Anblick! Vor den Mauern wehte ein angenehmer warmer

Wind; man konnte sich die Lungen mit der klaren, würzigen Luft füllen. In der Bar auf dem großen Platz vor den Mauern hockten Männer bei Bier und Bocadillos. Pilgerinnen schritten fröhlich verzückt auf die Stadtmauern zu, vor denen eine Statue der Teresa stand oder besser saß: Ein Hauptanziehungsspunkt für die Pilger, da die Rockfalten der Heiligen geräumigen Platz für eine Teresarast boten, und die jungen Leute sich meditativ in ihrem Schoß einstimmen konnten. Gruppenweise lagerten sie da. Mit ihren witzigen Sonnenhüten aus buntgemusterten Stoffen wirkten sie wie wohlige Babys, die man gegen die Sonne schützen müsse.

Abb. 22, Pilger vor der Teresastatue

Der lebhafte Wind, der hier wehte, Avila liegt 1200 m hoch, blies die Röcke der Nonnen und die Kutten der Mönche hoch. Ein Mann im blauen Polohemd, der an einem Tisch vor einer der Kneipen des Platzes saß, setzte sein Bier ab und sagte, anerkennend hinter einem Nönnchen herpfeifend, "Viento sopla!" Dabei musterte er mit dem besonderen Blick des Kenners ein an ihm vorbeischlenderndes hoch gewehtes Nonnengewand. Inmitten der fast ausschließlich Shorts tragenden frommen Pilgerschar war so ein vom Wind hochgewehtes Nonnenkleid eine willkommene Abwechslung.

Es rückten immer mehr jugendliche Pilgergruppen an, an der Spitze, ein Priester, ein Mönch oder eine Nonne an der Spitze. Jede Gruppe führte ihre landestypische Fahne mit sich, im Rucksack waren die Habseligkeiten verstaut, die Wasserflaschen streckten ihre Hälse aus dem *Wasserfach* des Rucksacks. Manche hatten auch Weinflaschen in der Hand, schon fast leergetrunken, manche führten Trommeln oder andere Instrumente mit sich. Und alle strebten sie zielgerichtet einem der unzähligen Gottesdienste am Ort entgegen.

Eine italienische Gruppe spielte das populäre Taizélied: "Nada te turbe", das jeder Besucher von Taizé-Gottesdiensten kennt. Es stammt von Teresa von Avila, aber eigentlich doch eher aus der Feder des Mystikers Juan de la Cruz, einem Zeitgenossen der Heiligen, gleichzeitig auch ihr Beichtvater. Diesem kleinen, sehr schlichten Text des alleinigen Gottvertrauens sei hier im Text ein Plätzchen eingeräumt:

Nada te turbe	Nichts soll dich verwirren
Nada te espante	Nichts erschrecken
Todo se pasa	Alles geht vorbei
Dios no se muda	Gott ändert sich nicht
La paciencia	Die Geduld
Todo lo alcance	Erreicht alles!
Quien a Dios tiene	Wer sichan Gott hält
Nada le falta	Dem mangelt es an nichts.
Solo Dios basta.	Gott allein genügt.

Pilger wie Witwe Bolte

Schließlich stellte sich eine italienische Pilgergruppe zu einem Gruppenfoto auf. Mit ihren lustigen, an der breiten Krempe gekräuselten Sonnenhauben sahen die Männer wie Witwe Bolte aus, sehr weiblich, gemütlich und friedfertig, fast ein bisschen tuntenhaft, zufrieden mit ihrer Wasserflasche, einem Bocadillo und dem bevorstehenden Gottesdienst.

Eine Nacht in einer schmutzigen Herberge ...

Aber, mystische Texte hin oder her, was hielt Teresa vom wirklichen Leben ihrer Zeit, die ja das 16. Jahrhundert war, das Jahrhundert, in welchem die Feuerflammen der Inquisition hinter jedem Abweichler von der *wahren* Lehre, wie *Rom* sie verstand, her züngelten? Teresa fand, dass das Leben *wie eine Nacht in einer schmutzigen Herberge* sei. Also voller Flöhe und Wanzen und Unrat und verbrauchten Bettüchern. Eine unsaubere Angelegenheit und krankmachend dazu.

Für die jungen Leute, die heute in Avila auf den Pfaden dieser urspanischen Heiligen wandelten, war das sicher nicht so. Für sie, das konnte man an dem lustigen Treiben heute sehen, war es eine saufröhliche Angelegenheit, mit Trommeln, Gitarren, Wein, Bier, belegten Broten und einem frischen, grasgrünen Glauben im Herzen.

Und schließlich lebte Teresa ja nicht nur in der Nacht, wo sie über die schmutzigen Seiten des Lebens grübeln konnte, sondern auch am Tag, wo sie alle Hände voll mit Arbeit, Beten und Ordengründen zu tun hatte.

Abb. 23, Avila

Ihre Biographen schildern sie als eine vielseitige, kreative, höchst mitleidige, fröhliche, muntere, musikalische, spontane, organisationsbegabte, willensstarke und zur Entzückung fähige Natur, wenn auch oft krank und zerbrechlich. So konnte sie auf der einen Seite das Leben wie oben zitiert beklagen: "La vida es una noche en una mala posada", sich aber genauso tagsüber über leckeres Essen und Trommeln und über das Singen mit ihren "Schwestern" freuen, wie sie die von ihr angeworbenen Nonnen zu bezeichnen pflegte, die sie mit ihren Ordensgründungen oft vor bitterster Armut bewahrt hat, und unter denen auch viele der so genannten *Conversos,* waren, die sonst vielleicht in die Zangen der Inquisition gekommen wären. Teresas Mitleidsfähigkeit war so groß, dass sie, nachdem sie als sechsjähriges Kind mitbekommen hatte, dass man sich beim Kampf gegen die Mauren die Märtyrerkrone im Himmel verdienen konnte, mit ihrem kleinen Bruder aus dem Haus ihres Vaters ausbüchste, um ins Land der Mauren zu ziehen und sich dort für den Glauben töten zu lassen, mit der Aussicht auf den Lohn im Himmel. Natürlich wurde sie dann rechtzeitig mit ihrem Brüderchen aufgegabelt und konnte ihre kindlichen Überzeugungen später in ein religiöses Leben mit nicht weniger Begeisterung und Leidenschaft hineinsublimieren.

Und nicht zuletzt war sie eine leidenschaftliche Schriftstellerin, die auch entscheidend zur Verfeinerung der spanischen Sprache im *Siglo de oro* beigetragen hat.

Sie stammte ja aus adeligem Hause, entschied sich freiwillig für ein tätiges Leben in Armut und hat aus ihrer weltlichen Jugendzeit leckere Aspekte ins Klosterleben hinübergerettet, floss doch der Satz "Wenn Rebhuhn, dann Rebhuhn, wenn Buße, dann Buße" aus ihrer Feder. (Nach: Kastilien: Spaniens magische Mitte. Pincus Lesereisen, vgl. Literaturverzeichnis).
Und will man diese Persönlichkeit als Kind ihrer Zeit verstehen, in der auch wegen der Inquisition das Leben höchst gefährlich war, so lese man ihre Hauptschrift: "Die innere Burg", wahrscheinlich das meistgelesene, durchlittene und zerfledderte Buch einer Schriftstellerin der mystischen Epoche.

Übernachten im Palacio und Rittersachen

Zentral auf dem Domplatz liegt der Palast des Rittergeschlechts der *Pos Velada,* heute ein nobles Viersternehotel, ursprünglich ein alter Adelspalast aus dem 15. Jahrhundert. Der eisgekühlte überdachte Patio in der Mitte, mit den einladenden Rattansesseln und den über drei Stockwerke umlaufenden Galerien, war wegen der von den Klimaanlagen erzeugten Kühle leider nicht nutzbar. Man hätte sich weiß Gott was für einen Schnupfen geholt. Alles hier im Ritterbau strahlte stolzes kastilisches Selbstbewusstsein aus der Zeit des *"reinen katholischen Bluts der Altchristen"* aus. Denn nur der war ein reiner Kastilier, also ein echter Spanier, der eine lange Genealogie katholischen "Blutes" vorweisen konnte. Also kein Maure, kein Moriske, kein Konvertit, habe er auch noch so innig zur heiligen Jungfrau gebetet.

Diese reinblütigen Ritter, die sich als Inkorporation Kastiliens verstanden, hatten in der Zeit der Reconquista das Kriegshandwerk gründlich gelernt, ein Standesbewusstsein entwickelt und hochgehalten, wurden dann aber, als die Reconquista und die amerikanischen Eroberungen schon abgeschlossen waren, zur parasitären Klasse für das Land, das unter der Ritterideologie noch lange zu leiden hatte, denn der Stand der Caballeros war niemals produktiv und klammerte sich, wie Don Quijote oder die Dramen des Lope de Vega bereits im 17. Jahrhundert unter Beweis stellten, an Hirngespinste von Blut und Ehre und reinem katholischem Glauben. Dazu betrachte man lang und ausdauernd das sprechende Bild von El Greco: *El Caballero.* Wie der seine Hand ans Herz hält, eingedenk seiner schweren Ritterwürde, mit der er für Blut und Ehre einsteht!

Wenn man dann dazu - wieder in Deutschland - Bunuels Film *Tristana* schaut, bekommt man den Typus eines Nachfolgers des Caballero im 20. Jahrhundert in einer meisterhaften Darstellung zu sehen!

Hat man sich in die Wesensart eines spanischen Caballeros vertieft, dann wundert man sich heute als Leser von Cervantes nicht, woher Don Quijote seine brutale Rauflust hat. Und das steht nicht nur in Theaterstücken und Romanen, sondern, wer es sachlicher mag, auch in Geschichtsbüchern, dass diese Caballeros wahnsinnig draufschlagen und sich und anderen die Hucke vollhauen konnten, so, wie Cervantes es an vielen Stellen mit satter Farbigkeit beschreibt. Funktionslos geworden und nach der Niederlage der spanischen Armada im Jahre 1588 zu Habenichtsen abgesunken, zu *Hidalgos (hijos de algo= Söhne von etwas, also Söhne von nichts mehr),* hatten sie, übertreibt man es mal satirisch, nichts anderes in der Birne als Händel zu stiften und herumzuraufen. Denn wer will schon aufhören, ein Kampfhahn oder zumindest ein geharnischter Wiederhersteller von "Recht" und Ordnung zu sein, wenn er sein Handwerk als Ritter so fein über die Jahrhunderte erlernt hat?

Dazu ein Beispiel aus Cervantes' Meisterwerk:

Schon nach seiner Probeausfahrt, nachdem sich Don Quijote eine Ausrüstung aus Haushaltsgegenständen und anderem Zeug zusammengestückelt hatte, kam er, von einem Bauern aufgelesen, zerschunden und verbeult auf einem Esel zurück, um sich für seine nächsten Ausfahrten und weitere Hauabenteuer kurieren zu lassen. Welche Wahrheit inmitten der Ironie! Der Bauer kuriert den Ritter, der Bauernstand trägt den Ritterstand, den arg zerschundenen, in mildtätigem Samaritertum. (Zusammengefasst nach "Don Quijote, erstes Buch, Teil 1, Kapitel 5", vgl. Literaturverzeichnis).

Abb. 24, Die Feinde dürfen anrücken

Man kann sich angesichts der ironischen Seitenhiebe des Cervantes auf die Auswüchse des Rittertums, wie sie sich zum Teil in der Figur des Don Quijote verkörpern, heute noch vor Lachen krumm biegen: Cervantes zieht die armen Hidalgos seines Jahrhunderts in seinem Don Quijote so richtig runter: Das Pferd wird bei ihm zur Schindmähre *(Rosinante von Rocín antes.* d.h. zuvor war sie ein zum Knochen abgemagerter Klepper und nur in der Phantasie des Don Quijote ein edler Zelter).

Stadtmauer

Am Morgen strich uns die göttliche Bergluft, die von der *Sierra de Gredos* herwehte, über die Haut. Also, nichts wie los zur Umrundung der begehbaren Stadtmauer in ihrer vollen Länge! Über große Treppen aus Stein, die an manchen Stellen Riesenschritte erzwangen, ging es zum ersten Mauerabschnitt hoch. Kleine, in den Boden eingelassene Metallplatten erklärten prägnant die Stadtgeschichte. An der Kathedrale selbst, deren Turm ursprünglich Teil der Stadtmauer war, war der Rundgang unterbrochen, und so musste ein paar hundert Meter weiter erneut aufgestiegen werden.

An manchen Stellen waren die Häuser der Altstadt zum Teil stark zerfallen, so der ehemaligen Schlachthof, der von Gras und Raps zugewuchert war. Auf dem Kies lagen aufgeweichte Kartons herum und ein paar weggeworfene Wasserflaschen. Manchmal war der Blick durch Bretterwände verstellt, mit denen man die Sicht auf die Parkanlagen des Luxusparadors von Avila abschirmte. Man hätte ja eine reiche Nacktheit sich auf irgendeiner der Hotelliegen aalen sehen können.

Auf den ersten Blick könnte man die Stadtmauer von Avila für ein Bauwerk maurischen Ursprungs halten. Es handelt sich hier aber um eines aus der Zeit der Reconquista, von Alfons VI. gegen die Araber zur Wiederherstellung eines christlichen Spaniens errichtet. An der Eleganz des Bauwerks, ja, an seiner Makellosigkeit erkennt man das Mitwirken französischer Baumeister. Zehn Jahre lang haben zweitausend Handwerker an dem Wunderwerk "herumgemeißelt" und dabei waren auch maurische Handwerker, die auch während der Reconquista von den christlichen Auftraggebern hochgeschätzt waren.

Es stinkt vom Fluss herauf

Beim Verlassen der Mauer, in der Nähe einer mittelalterlichen Brücke, entpuppte sich der um die Stadt schleichende Fluss als stinkendes Rinnsal. Es roch nach Kloake und alten Gemüseabfällen, dabei hätte man hier wunderschöne grüne Wanderwege anlegen, das Wasser klären und ein paar Hechte einsetzen können.

San Vicente außerhalb der Stadtmauern

Außerhalb der Mauer erhebt sich die älteste romanische Kirche der Stadt: San Vincente: Eine wunderschöne Kirche, die im Sonnenlicht honigbraun leuchtete. Mit ihrer offenen treppengiebeligen Turmkrone gilt sie neben der Kathedrale als schönster Kirchenbau der Stadt. Im Oberfries des Hauptportals findet sich, erkennbar am um Brösel bettelnden Hündchen unter dem Tisch, eine anrührende Darstellung des heiligen Lazarus und des reichen Prassers in mehreren Szenenfolgen. Das ist schon ein wenig verwittert, aber ein genaueres Hinschauen lohnt sich.

Im Inneren der Kirche ist der hölzerne, farbig bemalte Sarg berühmt, mit der Darstellung der Geschichte des Märtyrers *San Vincente* und seiner zwei Schwestern Sabina und Cristeta. Alles sieht man hier realistisch und mit der Brutalität, mit der auch heute die Presse dem Leser Bluttaten und Leichen der Öffentlichkeit präsentiert. Nur weniger kunstvoll.
Im romanischen Kulturraum unterstehen viele Kirchen und Klöster dem Patronat des heiligen Vizentius.

San Salvador

Am späten Nachmittag wurde San Salvador, die Kathedrale von Àvila besichtigt, angeblich die älteste gotische Kirche Spaniens. Auch hier lassen die Franzosen grüßen, die Kirche soll nach dem Vorbild von St.-Denis bei Paris durch den aus Frankreich bestellten Meister Fruchtel gebaut worden sein.
Dass sich im Inneren "Dienstbündel im Höhenrund zusammenschließen", nachdem sie "bis zu den Gewölberippen emporgestiegen sind", eine solch erlesene Beschreibung findet man wiederum nur im Dumont. Mit den guten alten Dumont-Kunstreiseführern, die mittlerweile den Reisenden auch aktuell perfekt auf dem Laufenden halten, sind Wissensdurstige immer bestens ausgestattet.

San José

Anschließend noch bei San José vorbei, der ersten Klostergründung der heiligen Teresa. Hier grüßt von der Höhe des Portals der heilige Josef mit einem kleinen barocken Jesus. Letzterer trägt eine große zweigriffige Säge in der Hand und zeigt sich dem Betrachter als seinem Ziehvater mit Eifer anhangendes Kind, die Patschhand vertrauensvoll in die große Hand des Vaters gelegt, voller Vorfreude auf das kommende Schreinerstündchen, mit seinem Ziehvater.

Convento de Santa Teresa. Transverberación.

Um der frommen Programmgestaltung des heutigen Tages noch den letzten Schliff zu geben, wurde noch ein Blick in den Convento de la Santa Teresa geworfen. Auch hier brummte es nur so vor Gottesdiensten, von bunten Pilgergestalten reichlich bestückt. Im angegliederten, in der Art eines Museums ausgestatteten Souvenirladens, gab es viele Postkarten mit Darstellungen der verzückten Teresa, im mystischen Liebesdelirium, in schwarzer Nonnentracht, mit einem kleinen silbernen, über ihrem Kopf schwebenden Amor neben dem Ohr. Auf einer Karte, untertitelt mit "Transverberación", lehnt Teresa an einer Holzbalustrade, die Hände mit den spitzen Fingerchen verkrampft sich öffnend, aber eben nicht richtig sich öffnend, als würde sie noch mit ihrer Hingabe an den Amorbuben zögern. Eine brennende Wunde öffnet sich in ihrer schwarzen Nonnentracht, und dahinein zielt der flammende Pfeil eines Engelchens, den man unschwer als Eroten erkennt. Zwei weitere Putten assistieren ihr, der eine betend, der andere ihr beim Akt den Rücken stützend. Der den Liebesschmerz zufügende Putto wird selbst von einem kleinen Engel am Rücken gestützt, rechts oben wächst ein Engel aus einer schwarzen Wolke und klappert mit seinen Zimbeln. Über dem verzückten Puppengesicht der Heiligen fließt in warmem Gold, die Arme weit ausgebreitet, ein kleiner kindhafter auferstandener Jesus, und ungefähr auf Hüfthöhe, flattert in Kolibriflugstellung der Heilige Geist als sehr lebensechter weißer Täuberich.

La Encarnación, Hauptkloster der Teresa von Avila

Weiter zum Kloster der Teresa, wo sie dreißig Jahre lang lebte und wirkte. Das Kloster liegt außerhalb der Stadtmauern, etwa zwanzig Minuten Fußweg vom Zentrum. Es ist das Hauptziel aller Pilger dieser Welt. Unzählige Gruppen, Transparente mit missionarischen Parolen hochhaltend oder goldene Monstranzen, die in der Morgensonne funkelten, vor sich hertragend, bewegten sich in Richtung Kloster, wo sich schon die Pilgerbusse wie dicke Brotlaibe in einer Bäckerei auf den Parkplätzen aneinanderreihten.

Ein kleines Museum im Kloster zeigt persönliche Erinnerungsstücke, die im Leben der Heiligen einen wichtigen Platz einnahmen. So konnte man Musikinstrumente der musikbegeisterten Teresa bewundern, mit denen sie und ihre Mitschwestern im Freien musikalische Picknicks abhielten, ferner ein Kopfkissen, Betstühle und ihren hölzernen Reitsattel in der Vitrine.

Der Schwanz eines Hundes wird gestylt

Nach all diesen heiligen Eindrücken gab es wieder frische Luft von draußen. Ganz in der Nähe liegt das Hippodrom von Avila, eine durch und durch weltliche Angelegenheit. Hier wurden gerade Rennpferde zum Kauf begutachtet, edle Pferde, die von ihren Zureitern im voller Montur vorgeführt und von einem Gutachter bewertet wurden. Die Crème der Gesellschaft war hier vertreten, auf dem Feld und auf den Tribünen. Ein zehnjähriger Junge schnibbelte mit dem Taschenmesser am Schwanz seines Hundes herum und rupfte ihm ein paar Haare heraus. Der Hund ließ sich das, eingeklemmt zwischen den Knien des Jungen, gefallen. Dann kämmte der Junge mit der ganzen Konzentration, die eine Schönheitsoperation erfordert, die paar Härchen, die das Schwanzende des Hundes überragten, mit der Klinge seines Messers zu einer pinseldünnen Spitze aus vielleicht fünf Haaren zusammen.

Abb. 25, Schönheitspflege

Cuatro Postes

Anschließend ging es zum Aussichtspunkt "Cuatro Postes", von dem man wohl die schönste Aussicht auf die Mauern von Avila genießt. Auf dem Weg dahin kann man übrigens leicht eine Mauer hinabstürzen, denn der Zebrastreifen über die Brücke führte geradewegs auf eine Lücke in der Mauer zu, wobei jeder Mensch dahinter die Treppe hinunter zum Fluss erwartet hätte, aber es war ein Mauerabsturz. Die Treppe begann ein paar Meter weiter rechts auf der Brücke.

Cuatro Postes ist ein kleiner quadratischer bellevueartiger Unterstand aus eben vier Pfosten. Er markiert den Platz, von dem die sechsjährige Teresa, wie oben geschildert, mit ihrem kleine Bruder von zu Hause ausgerissen war, um nach Arabien zu laufen und den Märtyrertod zu sterben. In einem Buch hatte sie wohl gelesen oder gehört, dass man in den Himmel gelange, wenn man den Märtyrertod sterbe. Folglich hatte sie sich fest vorgenommen, mit ihrem Bruder diese Lorbeeren zu ernten und sich den Kopf absäbeln zu lassen.

Abschied von Pilgerfreunden

Vor der Kathedrale feierten junge Pilgersleute Abschied voneinander, *con brio* sozusagen. Eine sardinische Gruppe verabschiedete eine andere Gruppe aus einem anderen Italoland: Die Jugendlichen sangen, klatschten abwechselnd in die Hände hüpften rhythmisch in die Höhe, und für jeden aus der anderen Gruppe, der ging, beendeten sie ihren kleinen Song mit einem *Ciao Francesco* oder wie derjenige aus der scheidenden Gruppe gerade hieß. Und dann kam jedes Mal der Refrain: "Facciamo un saltillo" (Machen wir ein Hüpferchen), und die ganze Gruppe hüpfte zusammen in die Höhe. Das war sehr nett.

Siesta

Vorausgesetzt man wohnt zentral, ist eine Siesta eine sehr zu empfehlende Sache. Man verdaut die fettige Paella des *Plato del día* und kann im Traum eine Kurzfassungen des am Vormittag Erlebten Revue passieren lassen, Kopfkino im Halbschlaf, sozusagen. *Unamuno* hat immer wieder die Meinung vertreten, dass die Phantasie und der Traum mindestens genauso gut wie die Realität oder sogar besser sein können (Vgl. Unamuno, Niebla. Roman. Siehe Literaturverzeichnis).

San Tomas und Teresa von Avila

San Tomas in Àvila, etwas außerhalb der Altstadt, war ab dem 15. Jh. Sitz der Inquisition. Die Kirche ist in einem kargen und abwiesenden Baustil gebaut. San Tomás war die Kirche der Könige, die sich der Inquisition immer bedient haben, um sich unliebsamer Menschen zu entledigen. Karg und steril wie die Inquisition selbst, kommt die Architektur daher.

Es gibt in der Kirche drei Kreuzgänge, einer davon "Kreuzgang der Könige" genannt. Nirgends ist Platz für verspielten Schnickschnack, einziges Schmuckmerkmal sind an Säulen und Fensterrahmen entlang laufende kleine Steinkugeln.

Eine verspielte Kirche, die sich in ihrem Architekturstil die frechen Darstellungen der Renaissance erlaubt hätte, das hätte zur Institution einer Religionspolizei ja auch nicht gepasst.

Will man die totalitäre Atmosphäre der Inquisition erfassen, kann man das in der kurzen Erzählung von Stephan Andres: El Greco malt den Großinquisitor (vgl. Literaturverzeichnis):

Darin lässt er den Großinquisitor Nino de Guevara, den El Greco portraitiert hat, sagen:

" , Wir werden so oft Leiber verbrennen, als Stimmen gehört werden, die der Wahrheit widersprechen. Im Übrigen wissen Wir, in welchem Maße das Feuer reinigt. Die Scheiterhaufen werden Leuchttürme der Wahrheit werden, denn die Stimmen verflüchtigen sich mit den Leibern: das ist die Erfahrung der heiligen Inquisition.' " (Stefan Andres: El Greco malt...S.35, vergleiche Literaturverzeichnis).

Es gab nur eine Attraktion in diesem bunkerartigen Kirchenbau: den Beichtstuhl der Heiligen Teresa. Die ging ja jeden Tag beichten. Und obwohl sie ja, wie ihren Schriften einwandfrei zu entnehmen ist, ein Engel war, stammt von ihr der Satz: "Ich bin eine Frau und obendrein keine gute."

Man kann das Hauptwerk der Teresa von Avila in Häppchen lesen, während einer Busfahrt, im Café an einem heißen Nachmittag, oder kurz vor dem Einschlafen, mehr verkraftet man ohnehin nicht. Oder beim Kochen und Spülen, denn Gott befindet sich ja auch, wie Teresa ganz sicher wusste und selbst erfahren hat, "zwischen den Kochtöpfen". Denn Teresa war nicht nur mit Beten und Levitieren beschäftigt, sondern die meiste Zeit des Tages, wenn sie nicht gerade schrieb, mit ganz pragmatischen Dingen befasst, packte mit an, wo es etwas anzupacken gab und konnte bestimmt auch sehr gut "Koffer packen", denn oft ging sie mit ihren Mitschwestern auf Reisen, wenn die Gründung neuer Klöster des *Ordens der Unbeschuhten Karmeliterinnen* anstand.

Gewürm

Im Hauptwerk der Teresa von Avila findet sich mehrfach die Metapher vom Gewürm: Aber, was soll man sich darunter vorstellen, unter dem *Gewürm?* Das Gewürm, ist das der Egoismus mit seinen Facetten Eigenliebe, Eigendünkel, Richten über den Nächsten, Mangel an Liebe zum Nächsten? Oder anders ausgedrückt: sind es die Dinge, die einen im Inneren *wurmen* und die man, folgt man Teresa, so gut es geht, bekämpfen soll: den Neid, die Kleinlichkeit und die Neigung, immer die Schuld bei den anderen zu suchen.

Aber jemand, der jeden Tag beichten geht, das muss doch ein ziemlicher Masochist sein, würde ein aufgeklärter Christ des einundzwanzigsten Jahrhunderts vielleicht fragen. Ich glaube eher nicht, denn Teresa hat mit ihren täglichen Beichtgängen wahrscheinlich ein quälendes Problem "elegant" umgangen. Denn wer täglich beichtet, kann nicht so schnell verdächtigt werden, ein Ketzer zu sein. Schnell waren ja die Inquisitoren auch in der Stadt Avila bei der Hand, in Teresa die Ketzerin zu riechen: denn jedes Reformversüchlein zu jener Zeit war potentiell schon ein Abrutschen von der wahren Lehre. Also, täglich gebeichtet, und man hatte seine Schäfchen im Trockenen.

Man muss Teresa auch viel Schneid attestieren, sich für die Armen eingesetzt zu haben. Sie ist ja tatsächlich die Gründerin der Ordensgemeinschaften der "Unbeschuhten" gegenüber den "Beschuhten", die es sich in der Welt schon bequemer eingerichtet hatten und nicht einsehen wollten, dass man ihnen durch eine Ordensreform noch mehr Strenge auferlegen wollte. Die Schwestern, die Teresa für ihre Orden requirierte, stammten oft aus sehr armen Schichten und erhielten durch Anhängerschaft an die Heilige wenigstens ein Dach über dem Kopf und was zum Beißen. Und, wie oben erwähnt, rettete Teresa auch mehrere *Conversos* vor der Verfolgung oder auch der physischen Vernichtung, ein weiblicher *Oskar Schindler* sozusagen.

Und dennoch gibt es sie auch, die masochistische Seite der Mystikerin, aber war diese nicht dem "Prozess der Zivilisation geschuldet", der später, nach dem 16. Jahrhundert auf einen Großteil der europäischen Seele durch schmerzhafte Verinnerlichungsprozesse übergreifen wird, und zum Beispiel im 18. Jahrhundert so etwas Scheußliches wie die Schwarze Pädagogik hervorgebracht hat? Doch diese dunklere Seite lasse ich hier mal beiseite. Die fortlaufende Tendenz zur Selbstanklage und Selbsterniedrigung, dieses *Herrichbinnichtwürdig- dassdueingehstuntermeindach*, ist auf jeden Fall eine Seite der Mystik, die mir beim Lesen der *Inneren Burg* nicht wenige Kopfschmerzen bereitet hat.

Mit der Bahn nach Salamanca. Eine Schildkröte reist mit.

Bis Salamanca waren es eineinhalb Stunden Zugfahrt im *Renfe medio distante.* Neben uns ein Blinder mit Familie. Er hatte allerlei Körbe und Taschen um sich herum verstreut. Er trug auf dem Schoß einen Tortenbehälter aus Plastik, darin bewegte sich träge eine Schildkröte und versuchte nach oben zu klimmen. Immer wieder hob sie den Deckel des Tortenbehälters, was ihr immer wieder gelang, doch immer wieder stupste der Blinde mit seinem Finger auf den Panzer, und die Kröte plumpste auf den Boden des Behälters zurück. Und das arme Tier bemühte sich immer von neuem, um ein wenig Luft zu schnappen, doch: vergeblich!

Abb. 26, Es blüht ...

SALAMANCA

Ankunft. Bahnhof und ein frecher Lazarillo

Hier fand ich nichts mehr so vor wie im Sommer 1974, als ich mich vier Wochen in der Stadt aufhielt. Der kleine Bahnhof von damals hat sich - mit Euromitteln - zu einem Superluxusbahnhof gemausert, mit schicken Läden beinahe wie in einem Flughafen. Man könnte sagen, da sind Gelder verschleudert worden, da wurde geklotzt, nicht gekleckert und hypertrophe Glasarchitektur hat sich in der schönen Stadt dreist neben die Eleganz filigraner Renaissancearchitektur gedrängt.
Mit dem Bus wühlten wir uns durch den dicken Verkehr in die Innenstadt. Kirchen und Paläste, wohin das Auge sah! Die Institution Kirche auf dem Gipfel hocheleganter Machtentfaltung! Renaissance vom Feinsten.

Hotel Palacio San Estéban

Im Hotel angelangt, musste ich leider feststellen, dass alle Reißverschlussfächer meines Rucksacks geöffnet waren und ich dabei noch nicht mal das kleinste Zucken bemerkt hatte. Es muss im Bus passiert sein, als ich mich im Gedränge an der Stange festhielt. War der Geldbeutel noch drin? Nein, er war im Rucksack meines Mannes. Glück gehabt!

Das erste Mal während unserer selbstorganisierten Reise logierten wir in einem Fünfsternehotel, im *Palacio San Estéban.* Hätte ich mir damals träumen lassen, als ich seinerzeit in Salamanca in einem völlig versifften Studentenwohnheim wohnte, dass ich einmal zu solchen Höhen aufsteigen würde? Mein erstes Erlebnis, damals während meiner Zimmersuche, betraf zwei Frauen, die sich gegenseitig meine Koffer auf den Kopf schlugen. Streitursache: wer denn nun mir ein Zimmer vermieten dürfe. Das dann, nachdem ich mich für eines entschieden hatte, allerdings so mies war, dass ich nach einer Nacht schon ins Studentenwohnheim umzog. Heute wäre in einer Stadt wie Salamanca eine solche Szene undenkbar!
Der Palacio San Estéban ist Teil des Sankt Stephan Klosters, unser Zimmer eine ehemalige Klosterzelle, luxussaniert, selbst ein DVD-Player befand sich in einer Schranknische. Die Möbel waren in dunkelbraunem Holz gehalten,

was dem Ganzen noch mehr Strenge verlieh. Die Salmatiner Mönche lebten damals schon in großzügigen Zimmern, zumindest von den Ausmaßen her.

Abb. 27, San Esteban

Stadt voller Papstpilger

Auch hier, in Salamanca, war alles voller Pilger, die trommelnd, Rassel schlagend und Gitarre klimpernd durch die Straßen zogen. In der Zeitung war zu lesen:

Las monjas enloquecen con el papa
Las monjas duelen con el papa
Los peregrinos comparten su amor.

Die Nonnen sind hingerissen vom Papst
Sie fühlen mit ihm
Und die Pilger teilen seine Liebe

Und die Laizisten?

Für einige war der Papst einfach "un abuelito carino", ein netter kleiner Großvater. Aber einige empörten sich auch gegen sein Erscheinen im Zapateroland, und es kam zu Gegendemonstrationen. In Madrid ergingen sich die Polizisten in Prügelexzessen, was mehrere Verletzte zur Folge hatte.

Kathedrale

An jeder Ecke stehen prächtige Kirchen von vollendeter Schönheit. Zum Beispiel die mittelalterliche Kathedrale. Als diese für repräsentative Zwecke zu klein wurde, hat man einfach ein größere, besonders prächtige daneben gestellt, ohne die alte abzureißen.

Abb. 28, Muschelpalast der Santiagoritter

Grabmal des Erzbischofs Anaya

Im Kreuzgang der alten Kathedrale ruht in einer Seitenkapelle Diego de Anaya y Maldonado, der Erzbischofs von Sevilla aus dem 15. Jh. in einem Liegegrab aus weißem Alabaster, ein Weltmeisterwerk sozusagen. Der Kopf des Bischofs ruht auf vier steinernen Paradekissen. Die sind so prall, als seien sie gerade von seinen Sekretären aufgeschüttelt worden: Hinter ihm, also hinter den großen Kissen, auf denen wie gesagt der würdige Kopf mit seiner Bischofsmütze ruht, sind drei trauernde Tiere zu sehen: ein Löwe, ein Hund und ein Kaninchen, alle drei fix und fertig wegen der Trauer um ihren Herrn. Sie zeigen den süßtraurigsten Gesichtsausdruck, den ich jemals bei einem Tier gesehen habe. Doch es ist eine Trauer mit symbolischem Hintersinn: Die drei Trauertiere repräsentierten den Mut, den Gehorsam und die Friedfertigkeit ihres Herrn, wohl die Kardinalstugenden des Diego de Anaya y Maldonado.
Dieses Grab ist, wie gesagt, ein Höhepunkt der Kunstgeschichte. Man muss es gesehen haben, vor allem, wenn man sich erinnert, dass das fünfzehnte Jahrhundert für die Christen eines ihrer rührseligsten Jahrhunderte war. Für diese Gefühlslage ein wahrhaft repräsentatives Dokument.

Abb. 29, Trutzburg des Glaubens

Auf dem Dach der alten Kathedrale

Das Dach der Alten Kathedrale ist vollständig begehbar. Was hier vor allem interessiert, sind die urmaurischen Elemente der Kirchenkonstruktion.
Dass man dann im sechzehnten Jahrhundert, als die katholischen Könige sich glaubensmäßig in Spanien durchgesetzt hatten und die Reconquista realiter und totaliter vollzogen war, eine neue Kathedrale brauchte, lag nicht zuletzt auch an den zur damaligen Zeit fünftausend Studenten, die für die Sache der Gegenreformation instruiert werden mussten. Und Studenten brauchte man viele, denn Gefahr drohte der katholischen Kirche ja nun, nach abgeschlossener Purifizierung des Glaubens, vom Norden her, von den Protestanten in Flandern und in Deutschland und von erasmischem Gedankengut, war doch Erasmus von Rotterdam in vielem ein protestantisch angehauchter Kopf, dessen Ideen den spanischen Gegenreformatoren nicht so schmeckten, die ja Gefahren für ihren Glauben von innen und von außen wie die Pest fürchteten.

Abb. 30, San Esteban

Der Grundstein der n e u e n Kathedrale wurde 1513 gelegt, der Stil ist rein gotisch. Das Gewölbe in Inneren: ein Sternenhimmel aus Stein: Man schaut nach oben und will nur noch eins: sofort in den Himmel aufsteigen! Und dort, in himmlischen Auen, tun, was einem Spaß macht, auf jeden Fall nicht mehr langweilige Arbeiten verrichten und sich fremd bestimmen lassen müssen.

Unser Hotel: Je besternter, desto blöder

Die AC-Hotelgruppe, zu der unser Hotel gehörte, hatte das alte Klostergebäude aus dem 16. Jahrhundert auf fünf Sterne "aufgepeppt". Schon an der Rezeption herrschte eine kühle und unpersönliche Atmosphäre. Das Personal war kalt, uninteressiert, nach Aushändigung des Hotelvouchers wurde der Schlüssel ausgehändigt. Das alles wortlos, wie in einem Schweigekloster. Die Hotelgäste kamen großenteils mit teuren Schlitten angereist, man bekam nicht viel von ihnen mit. Sie kamen hinter den dunkel abgetönten Scheiben ihrer Autos hervor, schlossen die Autotüren per Fernbedienung, trugen die Koffer zur Rezeption, wurden ebenso schnell abgefertigt wie wir und "waren nicht mehr gesehen."

Abb. 31, Gut geschützt

Die Zimmer waren im schweren kastilischen Stil ausgestattet, zu den dunkelbraunen Holzbalken dunkelbraune Möbel, altherren- oder besser: mönchskuttenbraun, die Zimmerdecken sehr hoch, anders, als bei Mönchszellen erwartet. Besonderes Detail der Superior-Ausstattung war ein funktionierender

CD-Player, auf dem ich mir endlich meine Machado-CD anhören konnte, die ich mir in Segovia im Wohnhaus des Dichters erworben hatte. Mit sonorer Stimme rauschte der Sprecher mit affenartiger Geschwindigkeit durch die schwermütigen Texte, bei denen man immer den Tod mit seinen knochenschweren Schritten mitlaufen hört, und in denen die Sonne mehr unter- als aufgeht.

Ein Gedicht solcher *machadischer Schwermut* möchte ich hier zitieren: Es ist irgendwie die andere Seite des Spanischen, die man nicht so oft erwähnt, die einsame Seite Spaniens, und eben nicht die weltzugewandte, herzliche und kommunikative:

Machado

Suenos Malos

Está la plaza sombría;
Muere el día.
Suenan lejos las campanas.
De balcones y ventanas
Se iluman las vidrieras,
con reflejos mortecinos,
Com huesos blanquecinos
.
Y borrosas calaveras.
En toda la tarde brilla
Una luz de pesadilla.
Está el sol en el ocaso.
Suena el eco de mi paso.
-?Eres tú? Ya te esperaba...
-No eras tú a quien yo buscaba

Böse Träume

Der Platz ist im Schatten
Der Tag stirbt In der Ferne läuten Glocken.
An Balkonen und Fenstern
Entzünden sich die Fensterscheiben
Mit blassem Schimmer
Wie knochenbleiche Totenschädel.
Und den ganzen Abend lang
Leuchtet ein Licht
Abtraumartig.
Das ist die untergehende Sonne
Und es tönt das Echo meiner Schritte

"Bist Du es? Ich habe Dich schon erwartet!"
"Du warst es nicht, den ich suchte"

San Estéban

Die Kathedrale ist eine riesige, stilistisch reine und wuchtige Kirche im rein isabellinischen Stil. Steht man davor, kommt man sich klein und unbedeutend wie eine Ameise vor. Als erstes wurde der weltberühmte Kreuzgang angesteuert, in dem eine warme Sonne auf den gelben Sandstein schien. Die Kapitelle an den Säulen besitzen einen hohen Unterhaltungswert: Überall groteske Gesichter zum Totlachen, wohl eine Art Comic des Renaissancezeitalters: Mal greinen Putten, mal grinsen Teufelchen, mal glotzen gerupfte Hühner von den Säulen auf den Betrachter herab, dann bocksbeinige Satyrn und die renaissancetypischen, ziemlich schräg aus der Wäsche schauenden Hermaphroditen. Ganz so finster darf man sich nämlich die Zeit der Gegenreformation in Spanien trotz Inquisition doch nicht vorstellen, auch Kirchenmänner wussten sich zu belustigen und bewiesen einen Humor, den man allerdings in der Kirche San Tomaso in Àvila nirgends findet.

Abb. 32, Abb. 28, San Esteban

Auch war Frau Wissenschaft mal anders anzutreffen als eine langweilige auf einem Sockel stehende Sapientia. An der Wand des Treppenaufgangs zum oberen Stockwerk lag sie, riesig über eine ganze Wand hin, Bücher schmökernd, verführerisch, zu Entdeckungen förmlich einladend. Eben auch ein bisschen verführerische Schlange, aber nicht zum Apfelessen sondern zum Welterkunden wollte sie den Betrachter einladen.

Im oberen Stockwerk wieder Grotesken über Grotesken. Im angegliederten Museum spanisch-philippinische Missionsgeschichte mit Elfenbahnschnitzereien philippinischer Künstler aus der Zeit der Überseemission, bei welcher der Dominikanerorden besonders aktiv war. *Domini canes "Hunde des Herrn"*, so bezeichnete sich der Orden selbst und ihr Riecher reichte bis nach Übersee. Es gab auch kritische Aufklärer unter den Dominikanern, z.B. *Fray de Tomas,* der auch ein höchst lesenswertes Reisetagebuch seiner Überseereise nach Chiapa verfasst hat: "Diario de viaje de Salamanca a Chiapa 1544-45". Darin kann man verfolgen, wie in der frühen Neuzeit die Mobilmachung der Orden zwecks Ausplünderung Südamerikas vor sich gegangen ist. So mussten die Mönche z.B. oft tagelange Fußreisen durch Regen und Schlamm unternehmen, Hochwasserflüsse überqueren und sich von der Bevölkerung verspotten lassen, bis sie überhaupt an die Orte gelangten, von denen sie sich einschifften. Doch auf die Christianisierung des südamerikanischen Kontinents will ich hier nicht eingehen.

Abb. 33, San Esteban

Witzig, wo ich von den Dominikanern, den *"Hunden des Herrn"* rede: Draußen standen dann tatsächlich Typen mit Kampfhunden, so dass wir einen Bogen um sie schlagen mussten, denn sicher ist sicher. A propos rohe Gewalt: die zeigte sich sehr sinnenfällig im Fassadenrelief der Kirche mit der Darstellung der Steinigung des Heiligen Stephan: rohe Szenen, in filigranster Kunstfertigkeit ausgeführt, die steinewerfenden Männer mit ihrer Urlust am Töten. Nun ja, so ist das halt. Das Ganze schön geweißelt mit Taubenfäkalien, so dass der Gewaltakt in seiner Beschissenheit noch einmal unterstrichen wurde.

Claustro del Convento de las Duenas R.R. Madres Dominicanas Reales

Gleich gegenüber St. Estéban auf der anderen Seite befindet sich das Dominikanerinnenkloster mit einem ebenfalls verspielten Kreuzgang: Hier verbiegen sich geschundene Männerkörper unter den Kapitellen, an denen sich die meditierenden Nonnen delektieren konnten. Es handelt sich ebenfalls um Grotesken, aber fast alle der Karyatidenfiguren hatten unglaublich muskulöse Körper, eine Augenweide zu einer Zeit, zu der Männer mit Frauen leichtes Spiel hatten, wenn es um deren Unterwerfung ging.

Abb. 34, Guten Appetit!

Der nicht sexistische Witz kam allerdings auch nicht zu kurz, denn da waren erbärmlich heulende Babys zu sichten, die von schnappenden Gänsen beide Ohren lang gezogen bekamen, Fische, die alten Quadratköpfen die Popel aus der Nase zogen, und auch ansonsten ringelte und wand sich allerlei Getier und Gewürm im Gestrüpp der Kapitelle. Ich glaube, ich habe selten so laut lachend ein Kloster verlassen. Diesem damals so frommen Land seien die Unanständigkeiten in der Kunst so voll gegönnt!

Plaza Mayor, Pompiger Platz der Bürger

Danach zog es uns in profanere Gefilde, auf die Plaza Mayor, ein barockes Architekturwunder der Weltspitzenklasse und in den Touristenführern wegen seiner perfekten Harmonie als vollendeter Stadtplatz beschrieben. Da gab es vor dem Gebäude des Ayuntamiento, dem mittleren Prunkteil des Ensembles, zahlreiche Hochzeitsleute zu bewundern. Es waren aber nicht eigentlich die Bräute das eigentlich Interessante, und schon gar nicht die Bräutigame, sondern die Hochzeitsgäste mit ihren teils abenteuerlichen Aufmachungen. Da gab es die gewagtesten Hüte mit den schrillsten Vogelfedern zu bewundern, Flamencokleider mit zwanzig oder mehr Rüschengalerien oder bis zu den Knöcheln reichende terracottafarbene Röcke, die mit den Rundungen ihrer Trägerinnen an römische Amphoren erinnerten.

Abb. 35, Plaza Mayor: Typisches Salamancabild

Abb. 36, Hübsches Kleidchen …

Abb. 37, … und toller Rock

In einem Lokal unter den Arkaden hingen die guten Paprikawürste, die für spanische Wurstwaren typischen *Chorizos* - Spanien, ein Fleischfresserland, Vegetarier hatten hier nichts zu lachen.

Es folgte ein dreistündiger, sinnloser Bummel in der schwülen Hitze, stimmungsmäßig ziemlich von einem herannahenden Gewitter ramponiert.

Bei den Ursulinen

Da heute sowieso der spanischste Tag aller spanischen Tage war und Kirchen angesagt waren, wollten wir noch zum Abschluss den Turm des Ursulininnenklosters besteigen, ein Kloster in der Stadtmitte, aber die zwei über achtzigjährige Nonnen, die den Eingang "bewachten", meinten, das sollten wir lieber unterlassen, denn da werde man hinunterfallen, die Treppen seien schon lange entzwei. Aber dafür bot sich ein unterhaltsames Gespräch mit den Nonnen an. Die eine meinte, es sei heiß, sie würde unter ihrer Tracht schwitzen, es waren ja auch, obwohl es bald dunkel war, immer noch 35 Grad. Dann schimpfte sie über ihre Synthetikunterkleidung und ließ uns an einem Zipfel, den sie aus dem Ärmel der Kutte zog, fühlen, dass es tatsächlich ein ekliger, schweißtreibender Perlon- oder Nylonstoff war, aus dem ihre Untertracht beschaffen war.

Die andere entdeckte eine Schweißperle auf meiner Stirn. Sofort zog sie ein Bildchen des Erlösers aus einer Tasche ihrer Tracht und fächelte mir damit Kühlung zu mit den Worten "Sopia el viento de Jésus! Es weht der Wind des Herrn!" Dann lächelte sie mich so süß und mild aus ihrem runzeligen alten Gesicht an, dass es eine Wohltat war. Darauf durfte ich das Andachtsbildchen behalten.

In dem kleinen Museumsraum des Klosters gab es ein paar schöne Altarbilder des Johannes von Burgund mit den leuchtenden Farben rot, grün und blau der italienischen Renaissance. Die Bilder waren erst frisch renoviert worden. Am besten gefielen eine Beschneidungs- und eine Krippenszene.

Vor dem Kloster steht eine überlebensgroße Plastik des Dichters und Philosophen *Unamuno* (vgl. Stichwortlexikon), der in Salamanca seine produktivste Zeit verbrachte. Unamuno war nicht nur ein großer Zweifler, sondern gerade in einer Zeit, wo immer nur gehandelt wurde, und für die Faschisten die Tat im Mittelpunkt stand, ein Anwalt des Müßiggangs, der "Nichtzweckhaftigkeit" des Leben und der Dinge. Er verteidigte in seinen Romanen und theoretischen Schriften die Existenzberechtigung des müßigen Betrachtens und der Langeweile, wie besonders zwei Stellen aus dem Anfang seines Romans "Niebla" eindrücklich veranschaulichen:

Augusto, der Protagonist des Romans, ein junger, begüterter Mann, Waise, dessen Eltern ihm einen Diener und eine Haushälterin überlassen haben und einen Besitz, von dem er leben konnte, tritt eines Tages bei verhangenem Himmel aus seinem Haus auf den Platz und prüft, ob es regnen wird:

"Er streckte den rechten Arm aus, spreizte die Hand, die Innenfläche nach unten gewandt, und verharrte dann, den Blick zum Himmel gerichtet, einen Augenblick in dieser statuenhaften und vornehmen Haltung. Nicht, als ob er von der ihn umgebenden Welt Besitz ergreifen wollte: er wollte ganz einfach feststellen, ob es regnete. Er runzelte die Stirn, als er die Kühle des langsam niederrieselnden Sprühregens auf dem Handrücken spürte. Und es war weniger der feine Regen, der ihn störte, als vielmehr der ärgerliche Umstand, dass er seinen Regenschirm öffnen musste, so schlank, so elegant, so geschickt war dieser in sein Futteral gerollt...' Es ist ein Unglück, sich der Gegenstände bedienen und sie gebrauchen zu müssen', dachte Augusto. , Der Gebrauch ruiniert sie, ja, er zerstört sogar ihre ganze Schönheit. Die vornehmste Funktion der Gegenstände ist doch, betrachtet zu werden..." (Niebla S. 29, vgl. Literaturverzeichnis).

Und dann, über die Langeweile:

"Ja, ja, es gibt eine unbewusste Langeweile. Beinahe alle Menschen langweilen sich unbewusst. Die Langeweile ist die Grundlage des Lebens, und der Langeweile haben wir die Erfindung des Spiels, der Zerstreuungen, der Romane und der Liebe zu verdanken. Der Nebel des Lebens vermengt sich mit einer süßen Langeweile - wie ein bittersüßer Likör!" (Ebenda S. 48)

Gerade noch rechtzeitig vor dem Ausbruch eines gewaltigen Platzregens, der der brüllenden Hitze ein Ende setzte, erreichten wir unsere Unterkunft.

Auch für den Papst ein heißes Pflaster

Auch der Papst hat wohl die vier Tage Hitze in Spanien gut überstanden. Das Fernsehen zeigte ihn mit dem Gesicht einer vertrockneten Eidechse. In seinem kugelsichern, in Stuttgart produzierten weißen *Papamobil* ist er sicher durch die Straßen Madrids gerollt, und er dürfte zufrieden gewesen sein mit dem Ergebnis seines Besuchs in dem frommen Land.

Im *Parque del Retiro,* dem Madrider Stadtpark, waren vierzig weiße ultramoderne Plastikbeichtstühle aufgestellt worden, um vielleicht auch ein eventuell wankelmütiges Volk wieder dem Schoß der Heiligen Römisch-

Katholischen Kirche zuzuführen. Doch die Kehrseite des Ganzen will auch erwähnt werden: Die Prügeleien zwischen der Polizei und den Antipapstbesuchsdemonstranten auf der Puerta del Sol. A propos Stockhiebe: Es wurde auch auf Leute eingedroschen, die gar nichts mit dem Papstbesuch zu tun hatten, auch nicht "gegnerischerweise". Die Hiebe der Polizei trafen auch einen Gemüsehändler, der zufällig sein Gemüse zu irgendwelchen Kunden befördern wollte und dazu die Puerta del Sol überqueren musste.

Wir verfolgen doch ein klein wenig die Fernsehnachrichten

In einer halben Stunde wird *El Papa* in Madrid eine Riesenmesse auf dem Flugplatz vor hunderttausend *Aficcionados* halten, das Massenereignis in Madrid, das jedem Stierkampf und jedem Fußballspiel die Schau zu stehlen vermag. Für solch ein Ereignis wird das Gequetsche hinter den Absperrgittern gerne in Kauf genommen.
Im "Flugplatz der vier Winde" traf dann im Gewoge der Hundertausenden "der Gesegnete" ein, umringt von einem Kordon von Kardinälen und kommentiert von einer Reporterin, die sich so heiß geredet hatte, als werde gleich das nächste Tor von Real Madrid fallen. Alle Boulevards, durch die *El Papa* rollte, waren gesäumt von *El Papa* rufenden und wimpelschwenkenden Papstbesichtigern und ihn willkommenheißenden Gläubigen.

Plaza Mayor in der Nacht

Gegen 23 Uhr ging es dann noch mal raus. Die Plaza Mayor ein Gedicht! Der ganze Platz war in gedämpftes Licht von hundert Strahlern getaucht. Welch festliche Atmosphäre! Die Leute saßen in den Cafés, die Rentner hockten auf den Bänken, Kinder hopsten wie Spatzen herum, der Regen hatte ausgesetzt. Es wurde mit Fächern gewedelt, Eishörnchen wurden mit Hingabe geschleckt, schließlich gibt es hier ja den besten Eismacher der Stadt. Väter schossen blaue Frisbeescheiben in die Luft, die dann wie wirbelnde Heiligenscheine auf dem Pflaster landeten. Ein kleines Geschwisterpaar musste sich eine Frisbeescheibe teilen, es kam zum Zank, der Kleinere schubste die Größere, die Große weinte, der Kleine lachte, die Eltern lenkten ein, sie haute, er schubste, er weinte, sie lachte, und so weiter. Und dann kamen Trommler und Pfeifer und das Volk fand sich zur Zarranga, einem doppelreihigen Madrider

Tanz (wenn ich den Namen richtig erinnere) auf dem Platz zusammen. Jung und alt, es ging bis spät nach Mitternacht, und überhaupt: morgen habe ich Geburtstag!
Oh Spanien, wie ich Dich heute, am Vorabend meines Geburtstages liebe, trotz deiner Diebe, trotz deiner Hiebe!"

Geburtstag

Abb. 38, Paseo

An meinem Geburtstag regnete es in Strömen, das war eigentlich gar nicht schön, aber wiederum auch gar nicht so schlecht. Gerade auf der Plaza angelangt, knallte ein heftiger Donnerschlag vom Himmel. Ein Platzregen setzte ein. Die Leute flüchteten unter die Arkaden, dort, wo der Stadtspanier seinen Paseo zu verrichten pflegt. Der Paseo ist eine beliebte Sonntagsbeschäftigung der Stadtbewohner. Es handelt sich hier um den Rundgang unter den Arkaden der Plaza Mayor. Man sieht den Paseo in allen Varianten: Als Ehepaarrunde, als Liebespaarrunde, als Mutter-Tochter-Paarrunde, als Herrenpaarrunde, als

Damenpaarrunde, als Freundinnenpaarrunde, als Großmütterpaarrunde und so weiter, aber halt immer als Paarrunde. Wie viele Runden so im Schnitt gedreht werden? Das ließ sich im Einzelnen feststellen, man musste sich nur an ein paar Paare "dranhängen": Als erstes Paar drehte ein älteres Ehepaar, pikobello im Sonntagsstaat, drei Runden, dann folgten zwei Männer in Anzug und Krawatte, eine Runde, ein Mutter-Tochter-Paar, die Mutter achtzig, die Tochter fünfzig Jahre, fünf Runden. Ein Teil der Leute flanierte rechtsherum, ein anderer linksherum.

Bei solch einem Paseo auf der Plaza gibt es eine gute Chance, Bekannte zu treffen, die einem aus der Gegenrichtung entgegenkommen. Man bleibt stehen, bildet einen Zirkel und schwatzt miteinander. Ist genug geschwatzt, hat der Paseo sein Ziel erreicht, und man verlässt den Platz, typischerweise wieder paarweise.

Auf den runden Medaillons zwischen den Arkadenbögen waren die spanischen Könige und weitere Persönlichkeiten der spanischen Geschichte verewigt. Aber ei, ei, wer war denn da auch zu sehen? Fein dazwischen geschmuggelt, unter die ehrwürdigen spanischen Könige? Der *Caudillo,* frisch restauriert und unverschmutzt, und zwar in einer Reihe mit der ganzen royalen Latte! Wow! Da, inmitten Kastiliens hat er noch seine Plätzchen, da wird ihm Ehre zuteil. *Un caballero de honor e sangre puro.* Ein Caballero von Ehre und reinem Blut! Wir haben nicht schlecht geschluckt.

Art Deco Museum am Ufer des Tajo

Danach wurde noch das Art Deco Museum durchstreift. Beim Betreten tönte genau in dem Moment, als wir zur Türe hineingingen, aus dem Lautsprecher der von mir heißgeliebte Beatles-Song:

"When I got older losing my hair.
Many years from now.
Will you still be sending me a valentine
Birthday greetings bottle of wine
If I'd been out till quarter to three
Would you lock the door,
Will you still need me, will you still feed me,
When I'm sixty-four
You'll be older too,
And if you say the word,
I could stay with you.

Ich war schwer beeindruckt. Und dann, punktgenau, als wir wieder aus das Museumscafé verließen, setzte, wie auf Bestellung, der Song noch einmal von vorne ein. Und dann wieder der Refrain, dieser wundersame Ohrwurm:

Will you still need me,
Will you still feed me
When I'm sixty-four?

Der Tormes und seine Auen

Abb. 39, Standfest seit 2000 Jahren

Nach einer ausgiebigen Siesta im Hotel wartete ein Spaziergang zum Río Tormes, dem Fluss, dessen Namen auch der erste spanische Schelmenroman "Lazarillo de Tormes" im Titel führt. Über den Tormes führt eine alte römische Brücke aus dem ersten Jahrhundert nach Christus. Hier, auf den Wiesen des Flussufers haben wir - wir waren DAAD-Stipendiaten auf einem vierwöchigen Spanischkurs - 1974 mit den dort ansässigen Zigeunern "Joder la rana", den Frosch ficken, gespielt. Das war noch zu Francos Zeiten.
Es gab damals einen großen Konflikt zwischen den Bewohnern der Stadt und den "illegalen" Flussauenbewohnern, den Zigeunern, die man zu der Zeit noch ungeschminkt als Gitanos titulierte und heute *Roma* schimpft, wobei der ungebildete Spanier da alles hineinmischt, Rumänen und Roma und, wenn er besonders borniert ist, überhaupt Ausländer. Die Stadt wollte die *Gitanos*

vom Fluss loswerden. Uns Studenten regte das gewaltig auf. Wir waren jung, spontan, gerecht empfindend und sozial eingestellt: und wir reichten eine Petition beim Dekan der Universität gegen diese sozialschädlichen Absichten ein. Wir wollten unsere Solidarität mit den Zigeunern bekunden. Täglich gingen wir zum Tormes hinunter und beteiligten uns an den Spielen der Zigeuner, die uns ohne Umschweife in ihre Zerstreuungen einbezogen.

Joder la rana und Zielschießen auf Puppen

Aber was für ein Spiel verbarg sich hinter dem *Joder la rana?* Es ging folgendermaßen: Man musste mit Münzen in ein Froschmaul zielen und bekam nach einer gewissen Anzahl von Treffern die bauchige Weinflasche mit dem langen dünnen Schnabel der Flasche gereicht. Aus dem ließ man, die Flasche hoch über das Gesicht haltend, den Wein in den Hals rinnen, wozu auch wiederum eine gewisse Treffsicherheit erforderlich war. Und da die Zigeuner uns anfeuern wollten, möglichst große Mengen von dem Wein zu schlucken, haben wir auch ordentlich gebechert.

Dann gab es den Zeitvertreib, Pfeile auf nackte Plastikpuppen zu werfen, die an die Baumstämme genagelt waren. Je nachdem, wie gut man bestimmte Stellen der Puppen traf, gab es auch wieder eine entsprechende Anzahl von Zügen aus der Flasche. Die Puppen waren schon arg zerstochen. Da fehlte ein Auge, dort war ein großes Loch im Puppenbauch und manche hatten da nur noch ein großes Loch, wo zuvor der Mund war. Ob das Herz der beste Treffer war, quién sabe?

Aber was war heute? Die Flussaue mit der ganzen Zigeunerromantik ist verschwunden. Stattdessen bekam man eine langweilige, von Hunden vollgekotete Wiese mit ein paar alten Männern präsentiert, die ihre Kläffer spazierenführten. Überall roch es heftig nach Hundehaufen, ein Gestank, den der wiedereinsetzende Regen noch verstärkte. Nichts wie weg von hier über die sehr schön gepflasterte, gut einen Kilometer lange Römerbrücke, aufs andere Ufer!

Kaum drüben, artete der Regen zu einem hässlichen Schnürlregen aus, der immer heftiger wurde. Wir mussten zu einer Bar flüchten, die von Graffiti vollgesudelt war. Der Regen plätscherte wie ein Wasservorhang von den Sonnenschirmen herab. Ein Pitbull strich uns um die Beine. Wir warteten den Regen ab und marschierten dann in einem weiten Bogen über eine andere Brücke wieder in die Stadt.

Der Bischof

Abb. 40, Das verschissene Bischöfle

Zurück zur Kathedrale, erhielt der "verschissene Bischof" unseren mittlerweile vierten oder fünften Besuch, der Bischof, dem die Tauben im Lauf der Jahrhunderte den oben offenen, zweigipfligen Hut bestimmt bis oben hin vollgemistet haben und dies immer noch tun: Den ganzen Tag landeten Tauben auf seiner Mütze oder flogen wieder ab. So beliebt war dieser kindlich dreinschauende Bischof bei den Tauben, dass sie ihm auch schon sein ganzes Gesicht eingeweißelt haben und das Weißzeug ihm auch am Ärmel herunter tropfte. Die Tauben hockten auf den Spitzen seiner Mütze, es war einfach ein kleines Wunder der Anmut, dieser Anblick des frommen Kirchenmanns und seiner Täubchen. Von diesem Anblick und von der Gelassenheit, wie diese Besudelung von dem Kirchenmann ertragen wurde, konnte man gar nicht genugkriegen.

90 Euro Geburtstagsmenu

Salamanca ist eine Flanierstadt. Man kann den ganzen Tag spazierengehen, und mehr muss nicht sein. Am Abend haben wir an der Plaza 23, im *Méson Gonzales,* Traditionshaus seit 1947(!) auf der Plaza Mayor ein Edelmenu zu 90 Euro eingenommen. Den Tisch hatten wir schon tags zuvor reserviert. Göttlich gespeist und getrunken! Durchs offene Fenster gab es als Geburttagsständchen zum Abend den sommerlichen Sprühregen, der dann zu einem Platzregen mutierte.

Die Speisenabfolge: Oliven, Melonensorbet, Gazpacho mit Erdbeereis, sautiertes Gemüse, Seezunge, Rinderfilet, rotes Waldbeerenkompott, Ananassorbet ... Der Wein war kühl und trocken und gelöscht wurde mit Vichywasser ... Höchst empfehlenswert, dieses Méson Gonzales!

Adíos, liebe Studentenstadt Salamanca

Der Abschied von Salamanca fiel schwer. So gab es nach dem Frühstück noch einen kleinen Spaziergang zu einem Stadtgarten oberhalb der Kathedrale. Die Temperatur zeigte nur 17-18 Grad, der kühlste Vormittag seit unserem Aufenthalt hier. Vor unserem Hotel saß Juan de la Cruz als Bronzeabguss schreibend auf einem Hocker und sah aus, als würde er frieren. Das kalte Hotel haben wir leichten Herzens verlassen, auch weil wir hier nirgends Kinder haben herumspringen sehen, und das hatte uns doch sehr gefehlt. Edle Pariser Ehepaare oder prollige Muskelmänner in Boxershorts mit protzigen Automobilen, das war ungefähr die Klientel in diesem Hotel, und die konnte einem ja gestohlen bleiben

Abb. 41, Abschied

Abb. 42, Licht und Schatten

Abb. 43, Studies in voller Pracht

CÁCERES

Nach Cáceres in die Estremadura

Von der *Estación de Autobuses* in der Neustadt, einer großen Halle mit über 25 Schaltern und Art-Deco-Lampen, ging es weiter nach Cáceres in die Estremadura. Eine siebzigjährige Ungarin, die fließend Deutsch sprach und Kettenraucherin war, erzählte von ihrem zwanzigjährigen Leben auf Teneriffa. Hart und verlebt sah sie aus, nach hässlicher Ehe mit einem Deutschen und dem anschließenden Zigarettenkonsum, der ihr Gesicht pergamentartig überzogen hatte.

Die Fahrt dauerte fast vier Stunden. Erst kam die endlos flache braune Meseta, dann die wunderbar grüne, bergige Estremadura. Der Bus arbeitete sich auf 1200 Meter Meereshöhe hoch, durchquerte wilde Schluchten. Wolkenverhangene Gipfel säumten die Straße, und auch kleine altertümliche Badeorte blieben nicht ausgespart. Die Autobahn war so gut wie leer. Der Fahrer unterhielt sich während der ganzen Fahrt ununterbrochen mit einem Kollegen, mit seinem automatischen Gehirn das Gefährt steuernd.

Abb. 44, Die Simultannönnchen

Weiter dann mit dem Nahverkehrsbus in die Innenstadt bis zur Altstadt von Cáceres. In der Altstadt, auf einem Bergkegel gelegen, waren alle Läden geschlossen. Kein Mensch auf der Straße. Weißliches und staubiges Sonnenlicht schuf eine unwirkliche und abweisende Atmosphäre. Ärgerlich: Was sollte das denn mit *dem* Spanien zu tun haben, wie man es gewohnt war?
Erst gegen sechs Uhr abends öffnete der erste Laden, die ersten Menschen zeigten sich auf der Straße, Postkartenständer wurden träge aus den Läden geschoben, ein kleines mädchenhaft frisiertes Hundchen und sein Besitzer

nahmen auf den Mäuerchen am Rand der Piazza Platz. Geplauder, Leute in bunten Shirts, rennende Kinder, meditierende Rentner, die sich auf den Bänken niederließen, das taute die blockierten Emotionen auf. Was ist eine Stadt ohne Menschen, und sei sie noch so mit Mauern und Türmen gebaut? Nichts!

Altstadt

Abb. 45, Stadtansicht

Sie ist winzig und im wahrsten Sinne mittelalterlich. Das alte Cáceres nimmt den ganzen Berghügel ein und diente den Reconquistadoren als militärisches Bollwerk gegen die Mauren. Der Stein kahl, dick und grob und dazwischen fette Renaissancepaläste mit Festungscharakter, stumpige Kirchen und kleine Klöster. Kirchen und Häuser mit Portalen und Wappen spartanisch verziert.

Die Neustadt liegt wie ein Häuserhaufen in einer kahlen Landschaft, wo weit und breit keine Menschen leben. Unser Hotel, auf der Plaza Juan gelegen, ist in einem alten, maurischen Palast untergebracht. Ein Märchen von Tausend und einer Nacht, dank der spanischen Hotelkette der NH-Hotels.

Von unserem Hotel waren es nur wenige Gehminuten zur Altstadt. Es war schwül, für diese Gegend Spaniens ganz untypisch. Als erstes musste ein echter El Greco im Stadtmuseum besichtigt werden, denn unter anderem sind wir auch wegen ihm hierher gefahren. Es war ein schöner Christus in den expressionistischen Farben El Grecos.

Die Altstadt: ein abweisender Mauerhaufen. Im Mittelalter, vor der Zeit der Reconquista war Cáceres eine Stadt mit zahlreichen in der Höhe konkurrierenden Türmen, die aber wurden auf Befehl Isabellas von Kastilien geschleift, denn die Renaissance baute in die Breite und weniger in die Höhe.

Die Gefahr war ja nun gebannt: Spanien war katholisch und nicht weiter maurisch, und weitere Angriffe der Mauren waren nicht zu befürchten. Dennoch: stilprägend waren die Araber allemal. Die Struktur der Festungsstadt, die Mauern mit den Zinnen, die gebogenen Gassen, das ist arabisch und übt bis heute auf den Besucher Stadt einen starken Reiz aus. Heute wissen wir um die Genialität der maurischen Epoche und fühlen uns von den Städten ihrer Baumeister verzaubert.

Am nächsten Morgen durchwanderten wir die Gassen der Altstadt in alle Richtungen, hoch und wieder hinunter, kreuz und quer. Der Eindruck blieb wie gestern: absolute Verschlossenheit. Etwa achthundert Menschen sollen in der Altstadt wohnen - zu wenig, um quirliges Leben zu erzeugen. Die Aufgabe, die Altstadt zu füllen, übernehmen im Sommer die Touristen. Doch heute waren es nur wenige.

Backende Nonnen

An der Klosterpforte des *Monasterio de San Pablo de Cáceres* fesselten zwei alte Nonnen mit den sonnengegerbten Gesichtern von Eidechsen. Sie schleppten riesige Plastiktüten mit Backzutaten für die Klosterkekse mit sich, von denen in Spanien die Klöster einen Teil ihres Unterhalts bestreiten.

Im Gleichschritt auf die Klosterpforte zustrebend, stellten die beiden Nonnen, dort angekommen, wie auf Kommando und in völliger Synchronie, gleichzeitig die prallgefüllten Plastiktüten auf dem Pflaster ab, beugten sich gleichzeitig zu den Tüten hinab, kramten ebenso gleichzeitig je einen Lederbeutel heraus, angelten gleichzeitig nach dem Schlüssel, den dann natürlich nur eine von den beiden in ihrem Beutel hatte: ein Klosterpfortenschlüssel, so groß wie eine Knarre. Eine der Nonnen musste sich auf die Zehenspitzen stellen, um den großen Schlüssel in das Schloss der Klosterpforte einzuführen. Die

Tür sprang auf, und die beiden Nonnen verschwanden im Inneren ihres kleinen Klosters. Dann schloss sich die Tür hinter ihnen wieder.

Arabische Zisterne

Sie war ein Höhepunkt des Altstadtbesuchs, im Stadtmuseum zu bewundern, zu der man sich auf einem schmalen Pfad in den Keller des Museums hinabdrängeln musste. Wie in Konstantinopel haben die Araber hier eine - entsprechend kleinere - unterirdische Zisterne gebaut, mit den Gewölben und Säulen über dem Wasserbecken. Es war wie in einer unterirdischen Moschee, mit den dicken, sich nach oben verstrebenden Säulen, die das Gewölbe tragen. Die Wassertropfen, die von den Steinen der Decke und des Gewölbes in das abgestandene Wasser platschten, verliehen dem Ganzen etwas Mystisches, zum Verfassen von Kriminalromanen Anstiftendes.

Stadtkirche und Cristo Nero. Zentrum der Semana Santa

Die Stadtkirche, eine romanische Kirche reinen Stils, beherbergte den *Christo nero,* der zur Semana Santa unter großer Volksbeteiligung durch die Straßen getragen wird. Cáceres gilt als eine Hochburg der in Spanien und natürlich vor allem in Andalusien mit Inbrunst begangenen Semana Santa, zu der viel Trubel sowie Andrang aus aller Welt herrschen. Die Stadt verfügt auch über ein eigenes Museum zur Semana Santa, wo man die Osterfeste und ihre Geschichte mit den Karfreitagsprozessionen erleben kann. Kaum vorstellbar, wie da die Menschenmassen durch die schmalen Gassen gedrückt werden, inmitten des Gewoges der *Cristo nero* hoch über den Köpfen der Leute hin und her schwankend.
Nachdem die Anfangsschwüle gewichen war, fegte vom Berg herunter ein scharfer und kühler Wind, strich durch die Gassen und brachte die nötige Kühlung.

Bonifacio de Calavera , ein würdevoller Dackel

Am Abend kam es auf der Placa Mateo oben auf der Hügelspitze zu einer wunderschönen Begegnung mit einem Rauhhaardackel. Es handelte sich um einen etwas überdimensionierten Rüden in vergleichbarem Alter wie sein

Besitzer. Mit welcher Würde er über das Pflaster trabte! Ich musste stehenbleiben, denn er war mir mit seiner würdevoll trabenden Art doch sehr aufgefallen. Hinter ihm folgte der Besitzer, ein feiner Herr mit grauen Haaren, dem ich wiederum wegen meines Interesses für seinen Hund aufgefallen war. Er stellte auf Englisch fest, dass ich wohl Hunde mag: "You like dogs!" Ich: "Yes, and you certainly too." Und er, nun auf Spanisch und dabei mit dem Kopf in Richtung Hund weisend. "Es un amico grande, íntimo" Ich: Como se llama?"! Er: "Bonifacio de Calavera!"
Komischerweise mussten wir beide laut loslachen, und der nette Herr erzählte von seinem "escritorio", wo sein Hund den ganzen Tag im Körbchen unter seinem Schreibtisch schnarchen darf. Richtig süß war das, aber eine Sache war noch süßer, sozusagen zum Erbrechen süß: das waren die Kekse der Nonnen, die ich mir im Kloster erstanden habe.

Klosterkekse

Also, hier die Geschichte jener Klosterplätzchen:
Wir mussten dieses nach außen hin so versperrt wirkende Kloster der Franziskanerinnen auf dem Mateoplatz erst ein paar Mal umrunden, bevor ein Eingang gefunden war. Keine Idee, wie da hineinzugelangen war. Aber dann ging es doch irgendwie, ohne den Eingang, den die Nonnen benutzt hatten, zu passieren. Es tat sich ein kleiner fünf Quadratmeter großer, holzgetäfelter Raum auf, eine Art Wartezimmer oder Mini-Audienzsaal des Klausurordens, wenn man so will. An der hinteren Wand des Raums ein Gitter mit einem Vorhang, dahinter, unsichtbar, die Nonnen. Links davon ein barockes, goldgerahmtes Wappen, mit einer Monstranz und der Aufschrift *Convento S. Pablo de Cáceres,* auf grünem Grund. Darunter ein Geldschlitz. Keine Menschenseele war in dem kleinen Raum zu vernehmen, kein Brummeln oder Räuspern, nichts. Es gab nur dieses Gitter, hinter dem sich bald etwas tun müsste. Aber da, da gab es ja eine Glocke! Also wurde gebimmelt. Es dauerte eine ganze Weile, dann meldete sich eine Stimme aus einem Nonnenadamsapfel, die schnarrte: "Qué quiere?" Pause. "Qué?" Ich, leicht verschüchtert und das spanische Wort für Kekse in meinem erschrockenen Gehirn zusammensuchend: "Ga... ga... letas!" "Qué? Galetas?" "Galetas! Cuantos galetas?" "Como cuantos?" Die Stimme hinter dem Gitter wurde unfreundlicher, fast tyrannisch: "Lée ... Lée!" Das verstand ich schon ... Also, lesen sollte ich, aber was und wo? Verärgertes Schweigen hinter dem Gitter. Bis ein Engländer hinzustieß, der wohl schon mal Kekse gekauft hatte und sagte, ich sol-

le einen Zehneuroschein in den Geldschlitz legen. Ich hatte aber nur zwanzig. Die warf ich hinein, prompt kamen zehn retour. Daraufhin drehte sich die zuvor unsichtbare Tür mit dem eingebauten Schlitz für die Geldscheine, die ich für ein Wandpaneel gehalten hatte, und es erschien eine Riesenschachtel voller frischgebackener, bröseliger Kekse.

Erst beim Hinausgehen entdeckte ich den Zettel mit der Gewichts- und Preisangabe über dem grünen Wappen. Nun, ich bin halt klein und habe nur auf den geheimnisvollen Schlitz geschaut und war nicht auf die Idee gekommen, meinen Kopf etwas zu heben.

Draußen probierte ich gleich von dem Gebäck. Es war von einer unerträglichen Süße, so dass mir fast übel wurde und ich die ganze Kiste mitsamt Inhalt wegwarf. Man mag ja mit seiner Figur nicht dazu beitragen, dass in Europa noch mehr Dicke herumlaufen.

Früher Morgen in Cáceres

Im buttergelben Morgenlicht umrundeten wir noch einmal die Mauern von Cáceres. Keine Menschenseele unterwegs. Das hatte etwas von einem Gang durch die Kulissen einer Theaterbühne. Der perfekte Hintergrund für einen Ritterschinken.

Abb. 46, Mosaik, Merida

MÉRIDA

Heute stand Mérida, die alte Römerstadt auf dem Programm. Der Busbahnhof liegt auf der stadtabgewandten Seite des Flusses. Er ist einer dieser hypermodernen Euroinstallationen, mit perfekt designten Uferanlagen bis hinunter zur alten, kilometerlangen Brücke aus der Römerzeit, in ihrer Länge vielleicht die längste römische Brücke der Welt. Im Glauben die hypermoderne weiße Stahlbrücke auf die andere Flußseite sei eine Abkürzung zur Altstadt ging´s also dahinüber. Alten Platanen säumten das Ufer, deren Kugeln wie sommerlicher Weihnachtsschmuck wirkten. Setzt man sich auf einer Bank unter einer Platane nieder, um die Atmosphäre zu genießen, so dringt ein sirrendes Geräusch spitz und andauernd ins Ohr. Ein Zikadenorchester? Leider nein: Es sind elektrische Anlagen.

Höhepunkte: Amphitheater und Römisches Museum

Die knappe Zeit reichte Zeit nur zur Besichtigung der Hauptsehenswürdigkeiten der Stadt, für welche die meisten Reiseführer mindestens einen ganzen Tag veranschlagen. Im Römischen Amphitheater empfing uns in der Hitze des Spätnachmittags ein besonders durchdringendes Grillenkonzert. Es war von einer nie da gewesenen Aufdringlichkeit, an einen Tinnitus erinnernd.

Mérida, als typisches Touristenziel italophiler Europäer, besitzt ein besonders ausladendes und hervorragend erhaltenes Amphitheater. Zwar ein Zweckbau, ist es dennoch wegen seines Erhaltungszustandes ein lohnenswertes Objekt touristischen Interesses. Ganz besonders bewunderungswürdig ist das neue Römische Museum, das in seinem Äußeren ganz den Gebäudestrukturen des Forum Romanum in Rom nachempfunden ist. Ein Haus voller Licht. Hier gab es tolle originale Mosaiken aus der provinzialrömischen Zeit zu sehen und einen Teil einer alten Römerstraße mit tief eingesunkenen Wagenspuren.

Unser eintägiger Besuch war natürlich viel zu kurz, um dem Leser Fundiertes über die Stadt zu liefern.

Zurück in Cáceres präsentierte sich von einem Hügel im Westen der Stadt die Silhouette der Altstadt mit einer von der Abendsonne goldgelb gebackenen Seite.

Schlafstörungen hat man auch in Spanien

Das wäre an dieser Stelle allen, die unter solchen leiden, zu sagen, trotz des Hochdrucks und der knochentrockenen Luft und obwohl man meinen könnte, dass das Wetter hier, in Kastilien nicht so oft umschlage.

Abb. 47, Römerstraße

Abb. 48, Immer Kochen ...

Abb. 49, Ganz schön frech

TOLEDO

Nun weiter nach Toledo. Das ging jedoch nicht direkt, sondern umständlich über Madrid in einem ziemlich klapprigen Zug der spanischen Eisenbahngesellschaft Renfe.

Abb. 50, Innenhof

In Madrid wurden unsere Koffer wieder sorgfältig durchleuchtet. Was für ein Bahnhof empfing uns da in Toledo! Ein frisch renoviertes Schmuckkästchen im neomaurischen Stil, welche Herzenslust, so nobel von einer Stadt im Empfang genommen zu werden!

Per Taxi zum Alcázar

Mit dem Taxi ging es zum Alcázar hoch, der weithin sichtbar den Burgberg beherrscht. Unterkunft im Alfonso VI, einem kleinen schnuckeligen Grand Hotel, direkt beim Alcazar, also an prominentester Stelle der Stadt. Das Erdgeschoss bestand aus einem riesigen Andenkenladen, voller Ritterrüstungen und Ritterzubehör. Die ganze Straße, die *Calle del Horno de bizcochos* (welch Name!), die zur Plaza Zocodovár, dem Hauptplatz vor der Altstadt führt, war voller solcher Läden. Vor einem befand sich in einem Käfig ein übel anzusehender zerfetzter Graupapagei, der sich, genau in dem Augenblick als ich daran vorbeiging, mitleidheischend eine Feder ausriss und voller Hingabe daran knabberte. Sein grüner Bruder, ein Ara, saß neben ihm in dumpfer Trance auf einer Stange. Am Boden eine Schüssel mit Bohnensuppe.
Der erste Eindruck von Toledo: eine Stadt der Andenkenläden. Überall vor den Geschäften machten sich plumpe Ritter breit und hinter den Ladenvitrinen Schwerter über Schwerter, mehr als in Deutschland ganze Küchenmesserläden an Messern zu fassen vermögen. Und Rüstungen, dass man jedem der Einwohner von Toledo eine hätte verpassen können. Dann Bäckereien mit Toledaner Naschwerk und Keramikgeschäfte mit den typisch spanischen Schnabelkrügen, bunt verziert und mit dem Schriftzug *Toledo* versehen.

Sich zurechtfinden

Überall von der *Straße des Keksbackofens* zweigten Gässchen in die Altstadt ab. Man hätte Brotkrumen streuen müssen, um wieder zurückzufinden, aber doch lieber nicht, denn die vielen Tauben der Stadt hätten schnell ihre Kröpfe damit gefüllt. Also blieb eigentlich nur, sich dem Gassengewirr anzuvertauen. Die Orientierung erfolgte dann doch recht schnell, da die Altstadt sehr überschaubar ist, anders als die von Sevilla, wo man wegen der Bauweise der Straßenzüge und der Ähnlichkeit der Häuser Stunden braucht, um fünf Straßen weiterzurücken, und dann doch wieder am Ausgangspunkt landet, weil man immer im Kreis herumgelaufen ist.

Die wirren Gässchen führen allesamt zur Kathedrale, die wie eine Putenkönigin im Meer ihrer Hennen saß. Aber eben eine sehr stolze, schöne Pute und keine hässliche. Davor ein schöner Platz mit dem Ayuntamiento im Hintergrund, im Erdgeschoss die Touristeninformation. Kinder balancierten auf den niederen Mauern, die den gepflegten Rasen vor dem Rathaus säumten. Ein

Vater schlug seinen Sechsjährigen, nur weil dieser ihm nicht sofort zu Willen war. Hinter dem Rathaus ging es zum Bischofspalast, vor den Gebäuden hingen goldene Weihrauchfässer und aus den Fenstern Fahnen im Burgunderrot der höheren Kirchenelite. Man wurde ganz von katholischer Aura umweht. Hier in der Stadt der einst höchsten Toleranz zwischen den drei großen Religionen herrscht nun eindeutig die katholische Kirche.

Abb. 51, Schnarchende Hieronymiten

Bald war die *Calle Santo Tomé* erreicht, die Haupteinkaufsbummelstraße in der Altstadt, die am Sankt Thomas-Kloster vorbeiführt, von dem eine Gasse etwas bergab zum El Greco Museum nach links abzweigt. Auf der Straße befindet sich das "*Café de las monjas*", das Café der Nonnen. Hier gab es Klosterplätzchen der Benediktinerinnen zu kaufen. Im Schaufenster war eine elektrisch betriebene Nonnenbäckerei zu bewundern, wo kleine Puppen im Nonnengewand eifrig zu Werke waren, mit Mehlaufschütten, Teigausrollen und Plätzchenausstechen. Alle Plätzchen waren mit christlichen Namen getauft.

Neben den Toledanos, Toledaner Mandelplätzchen mit Schokosplittern, die angenehm bröselig und nicht zu süß waren, gab es da die *Abanicos de Jesus y Maria.* die "Jesus und Maria-Fächer", auf die man schon wegen des Namens gespannt war, die dann aber doch entsetzlich süß waren. Einzelkekse konnten nur zum Kaffee gekostet werden. Im Laden wurden die Kekse nur pfundweise in hübsch zurechtgemachten Kistchen feilgeboten. Obwohl schon fast Abend, war es in den Straßen noch stickig heiß.

Abb. 52, Der Alcázar

Zum Abkühlen wollte ich mich ein wenig in die kühle Kirche setzen, als ich merkte, dass ich mitten in einer Rosenkranzandacht gelandet war. Der Pfarrer betete den ersten Teil des Ave Maria: "Bendita tu eres entre todas las mujeres ..." Und die kleine Schar Frauen, alle so ungefähr sechzigjährig, antwortete mit der zweiten Hälfte. Dabei fächelten sich die Beterinnen unablässig mit ihren Fächern Luft zu. Gegen die sonore Stimme des Priesters klangen ihre Stimmen wie Kinderstimmchen. Nach ungefähr dreißig *avemarias* folgte noch eine Marienlitanei, in der die Heilige Jungfrau als Meeresstern und Königin der Engel angerufen wurde und mit noch vielen anderen löblichen Bezeichnungen.

Manchmal fing auf Knopfdruck ein Ventilator am Anfang einer Bankreihe an, Luft zu fächeln, und das Rascheln im Raum wurde zu einem Schnurren. Es folgte die Beichte in den hellbeleuchteten Beichtstühlen.

Als es etwas abgekühlt hatte, ließen wir uns bergseits durch die Gassen treiben. Überall kleine Plätze, von hohen Platanen bestanden, aus denen der Lärm Tausender von Vögeln drang.

Abb. 53, Don Quijote und Sanchopansa

An manchen Stellen waren die Gassen so eng, dass man sich platt wie einen Pfannkuchen zusammenquetschen musste, um ein Auto passieren zu lassen, denn so eng es hier in den Straßen ist, ab und zu holpern doch ein paar Wagen über die mittelalterlichen Pflastersteine. Es sind die der Anlieger, die vom Angebot der außerstädtischen Parkplätze keinen Gebrauch machen wollen. Da aber die meisten Toledaner nicht in der Altstadt wohnen, ist dies eine Oase der Ruhe, so dass sogar morgens das Krähen der Gockel zu hören war.

Das Katholische manifestiert sich hier überall. Dass eine Straße Jesús y Maria heißt, ist hier normal. Marienstraße geht bei uns ja noch durch, aber Jesus- und Mariastraße oder Straße des Glaubens, das dürfte in Deutschland wohl eher kaum seinen Weg auf die Straßenschilder finden.

Toledo, schönste aller Städte

Vielleicht haben wir es dem streng dreinschauenden Herrn an der Rezeption angetan. Er gab uns jedenfalls eines der schönsten Zimmer im Hotel, mit Balkon und Blick über die ganze Altstadt. In dem eher kleinen Hotelzimmer war alles etwas wackelig und marode, der Fernseher entzwei, die Betten etwas zu weich, doch der Blick auf die roten Ziegeldächer und die Kathedrale entschädigte für die paar Flöhe, die - wie ich vermeinte - mich gestochen hätten. "Dies ist die schönste aller Städte!", sagten wir fast gleichzeitig, als wir uns, auf den Balkon ins Morgenlicht tretend, über den Anblick dieser Stadt kaum "einkriegen" konnten. Schon seit fünf Uhr morgens bimmelten die Kirchenglocken, fromme Spanier zum Gebet einladend.
Frühmorgens ging es dann gleich bergab, über Pflastersteine, vorbei an dunklen Winkeln und Sackgassen, die mit ihren Kachelfliesen auf Stadtgeschichten und Stadtlegenden hinwiesen und das mit ausdrucksstarken Bezeichnungen. Gäbe es bei uns denn eine Gasse mit der Aufschrift: "Zu den schönen Kindern?"

Abb. 54, Der Tejo

In Richtung Kathedrale wurden die Straßenbezeichnungen dann "kanonischer", amtskirchlicher sozusagen. Man merkte, dass die Kathedrale irgendwo um die Ecke liegen musste.

Abb. 55, Die drei Grazien, pflanzlich ....

Kathedrale

Die Besichtigung kostet einen kleinen Obolus. Im Inneren empfing einen der Halbschatten, der Blick wanderte in die Breite, ohne dass wir gleich, wie in gotischen Kirchen sonst, den Hals nach oben überstrecken mussten. In der Mitte, das holzgeschnitzte Chorgestühl war sperrig im Raum platziert und nahm diesem etwas von seiner Wirkung. Dafür gab es schöne Misericordien, balgende Putten und andere Szenen aus dem Alltagsleben, und, furios in Holz geschnitzt, auf den Rückenlehnen der Sitze, die ganze Belagerungsgeschichte von Granada, die dem Katholizismus zum Sieg verhalf und die Mauren entmachtete. Welch willkommener Anlass für die Touristenführer, das katholische Image vor den Touristen, die wie Ameisen an dem berühmten Chorgestühl vorbeidefilierten, Tag für Tag neu aufzupolieren: Da ein Detail herausgestellt und dort eine kriegerische Schlacht beschrieben, für das Geschichtsbild im Handtäschchen zum Wegtragen sozusagen.

Abb. 56, ... und android

El Grecos Großinquisitor - Im Bildersaal

Im Kapitelsaal der Kathedrale befanden sich die Bildnisse aller Bischöfe von 587 bis heute. Und da war auch dieser Nino de Guevara zu sehen, der Großinquisitor von Toledo, den El Greco gemalt hat: süffisant, bitter und mit hintergründiger Bosheit "lächelnd" schaute er auf den Betrachter herunter. Stefan Andres hat in seiner Erzählung: "El Greco malt den Großinquisitor", diesen hinter einer Brille hervorblitzenden Blick Nino de Guevaras mit der ihm eigenen Meisterschaft beschrieben:

"war dieses Lächeln übrigens sein Gesicht, diese Furche, die den grauen Bart etwas in die Backe schob und zwischen den Schlaufen, die die Brille hielten, eine Falte schlug? Nein, dieses Lächeln war ein Gewürz im Ganzen, das man auch schmecken sollte wie grauen Pfeffer, nicht wie eine Süßigkeit; in Nino war kein Krumen Süßigkeit, er war Bitterholz, hart, trocken...'Breit ist dieser Mund', erkannte El Greco, sehr breit, der Bart verbirgt es und schmal ist seine Unterlippe."

Und während El Greco den Stift ansetzte, prüfte der Kardinal ihn auf Linientreue seines Glaubens: Auf dem Bild El Grecos, auf dem dieser das Begräbnis des Grafen *Orgaz* zeichnete, das in San Tomas in Toledo zu sehen ist, vermisste der Inquisitor den Schrecken und die Bestürzung auf den Gesichtern der Granden und El Greco antwortete:

"'und wenn ein Engel käme und mir den Stift führte, würde mich nicht fromme Bestürzung packen', ‚Auch nicht heiliger Schrecken'? El Greco: ‚Engel sind gute Geister und sollen uns nicht erschrecken'! Der Generalinquisitor darauf mit leiser Stimme, als dächte er selber nach: ‚Die Engel sprechen aber stets: *Fürchtet euch nicht!* El Greco stach mit dem Stift die Punkte der Augen fest, und so spitz und stoßend kam auch seine Antwort: ‚Das ist die tiefere Aufforderung des Evangeliums, das eine Frohbotschaft ist … Fürchtet euch nicht!"

Abb. 57, Zu den versonnten Gassen

Und der Generalinquisitor, das zentrale Motiv der Inquisition, den Schrecken, ansprechend:

"Und wie ist es mit der Furcht Gottes, die doch der Anfang der Weisheit ist?" El Greco erhob sich, hob messend Daumen und Zeigefinger wie eine

Zange, als hielte er den Kopf des Kardinals bohnengroß dazwischen. Dann sagte er: ‚die übrigen Stufen: Freiheit, Freude und Liebe!'"

Grecos Credo, wie auch bei Stefan Andres beschrieben, war es, die Psychologie der Charaktere mit ihrer Sehnsucht nach dem Transzendenten zum Leuchten zu bringen. Dieses Leuchten der Wahrheit hat Greco auf seinen Bildern als himmlisches Licht von oben gemalt und dessen Widerschein leuchtet auf den Gesichtern der Figuren. Die Sehnsucht nach dem Himmel, die Verzücktheit, zeigt sich als Reflex des himmlischen Leuchtens auf den Gesichtern, während im Zweifel und der Gequältheit der Gesichter der Widerschein des Irdischen meisterhaft zum Ausdruck kommt.
Sehr nachfühlbar für den Betrachter bringt Greco sein künstlerisches Credo besonders in seinen Apostoladas zum Ausdruck, die auch hier, im Bildersaal der Sakristei zu finden waren und von denen El Greco mehrere Serien gemalt hat. In den Gewändern der Apostel, gemalt in kräftigem, expressionistischem Rot, Blau, Grün und Gelb, taucht ihre Leidenschaft auf, ihr "Farbebekennen". Es sind immer Lichtgestalten, Figuren, die sich in der Sehnsucht verzehren, des ewigen Lichts teilhaftig zu werden. Einer Sehnsucht, welche die Körper ganz in die Länge zieht und dabei verschraubt, sozusagen. Und das Raffinierte an den Gemälden des Meisters: man bekommt bei längerem Hinschauen selbst auch ein gewisses Quantum von diesem geistigen Licht ab! Ist es vielleicht das, was den Kern mystischer Erfahrung ausmacht und was El Greco gelungen ist: Das Himmlische im Irdischen zum Leuchten zu bringen, die Spiritualität als Lichtreflex, der sozusagen von Seele zu Seele springt und einen inneren Sinn des Lebendigen im Kosmischen ahnen lässt? Quién sabe!

Wieder im Freien

Wie auch immer: wieder draußen in der nüchternen Welt, umspülten uns die Touristenmassen aus aller Welt, einschließlich der Studiosusgruppen mit ihren Wissenslieferanten.
Wieder auf unserem Balkon gegen Mittag genossen wir die schöne Illusion einer Stadt, die nichts davon spüren lässt, dass wir uns bereits im 21. Jahrhundert befinden. Derselbe Blick hätte sich oder hat sich auch vor vierhundert Jahren auf diese schöne Unterstadt von Toledo gesenkt. So dürfte auch El Greco auf seine Stadt geblickt haben, die wie eine göttliche Henne, wie ich schon oben erwähnt habe, im warmen Himmelslicht Toledos vor sich hin brütete.

Casa el Greco

Um El Greco voll zu machen, suchten wir noch nach der "Casa El Greco", eine Rekonstruktion seines Wohnhauses aus dem 20. Jahrhundert. Hier hängt eine komplette Apostolade, eine von mehreren Apostelserien, die El Greco für verschiedene Auftraggeber gemalt hat. Etwas angetrübt von der Patina der Jahrhunderte, haben doch diese hier die hellsten und am individuellsten gezeichneten Gesichter, in die man sich stundenlang versenken kann, um etwas von diesem Licht in sich aufzunehmen, von dem ich vorher geschrieben habe. Warum *El Greco?* El Greco, der "Grieche" stammt aus Kreta, wo ein Individualist wie er mit seiner revolutionären Malerei bei der herrschenden Orthodoxie mit ihren starren Bildervorstellungen wohl kaum auf einen grünen Zweig gekommen wäre. Vierzehn Jahre lang hat er mit übergroßen Altarbildern den kirchlichen Auftraggebern der Gegenreformation gedient, und hier in Toledo ist er auch begraben.

Eine Boda in der Iglesia de los Reyes

Am Abend stolperten wir noch in eine Hochzeitsgesellschaft, die gerade aus der Iglesia de los Reyes herauskam. Hier habe ich die wohl aufgebretzeltste Hundertjährige meines Lebens mit ihrem flotten Federhütchen und ihrem sonnengegerbten, hundertlappigen Schildkrötengesicht gesehen, angesichts derer jede noch so fesch gestylte Braut in die reine Bedeutungslosigkeit versank.

Gesunde Bergluft

Welch ein Erwachen nach ausgiebigem, tiefem Schlaf in gesunder Bergluft. Wir wurden vom Flügelschlagen flatternder Tauben geweckt, in die das Bimmeln kleiner Glocken eingeflochten war. Ist das nicht ein Traum? Es ist ein Traum, wie eine Stadt ohne Autos sich anfühlen könnte, vielleicht auch bei uns in einer fernen Zukunft?
Das Vorzimmer des Frühstückssalons imponierte als Rittersaal! Jeden Morgen standen da kleine in Ehrfurcht erstarrende Japanerinnen, mit ihren Digitalkameras die Ritterrüstungen von allen Seiten ins Visier nehmend. Die Möbel, die Tische, die Stühle, alles war schön kitschig zusammengestückelt, alles aus schwarzem Massivholz. Auch Don Quichote und Sancho Pansa fehlten nicht am Eingang, spillerig und spinnenartig der Lange, drall und

feist, mit Knöpfen über auf dem Bauch, die sein Wanst fast sprengte, der Kurze.

Frühstück mit der Guardia Civil

Morgens war der Frühstücksraum vollbesetzt mit Männern der Guardia Civil und der Guardia del Tráfico. Hornissenartig saßen sie da in ihren gelb-schwarzen Polohemden um die Tische herum. Der tief sonore maskuline Lärm, den die Kerls bei ihrer morgendlichen Unterhaltung produzierten, war ohrenbetäubend. An jedem Gürtel saß stramm eine Pistole. In punkto Beleibtheit konnten es die meisten wohl mit Sancho Pansa aufnehmen, wohl Folge eines überbordenden Bierkonsums, dem man bei der spanischen Polizei frönen kann, wo man nicht wie in Deutschland in bestimmte Maßeinheiten gezwungen wird. Im Nu waren die Schinkenplatten leergeputzt, das Obst dagegen wurde kaum angerührt. Es lag wohl schon tagelang verschrumpelt in den Schalen. Auch ich habe mich nicht der kleinen Mandarine erbarmt, die wohl schon die Trockenheit eines ganzen Sommers hatte erdulden müssen, so ausgetrocknet lag sie mit anderen ausgedörrten ihrer Art herum. Im Raum herrschte ein schneidiger Ton. Aus dem Mund dieser Staatsbeamten klang das Spanisch noch härter, noch schärfer als das gewöhnliche Stakkato dieser Sprache mit ihrer arabischen Prosodie.

Die Kellner waren angesichts dieser Beamtenberge sichtlich gestresst, denn sie mussten nun auf einen Schlag plötzlich hundert statt sonst vielleicht zwanzig morgendlich eintröpfelnder Gäste versorgen. Kaum waren die Polizisten draußen, wurden neue Schinkenplatten aufgetragen, hartlederner Serranoschinken mit gelblichem Fettrand.

Soviel Schinken in einer Stunde ist wohl noch selten verputzt worden.

Der Tajo

Der Río Tajo, der sich wie ein Gürtel um die Altstadt schlingt, fließt auf der dem Bahnhof zugewandten Seite träge in einem breiten Wiesenfeld dahin. Auf der gebirgigen Seite der Stadt hat er eine tiefe Schlucht die Felsen gegraben, die Toledo vom Hinterland abschneidet und die Stadt von dieser Seite aus praktisch uneinnehmbar gemacht hat.

Am Ufer des Flusses hat die EU einen ganz neuen Wanderweg angelegt, die via del Tajo. Er führt als sechzig Kilometer langer Radweg bis nach Aranjuez, folgt dann aber nicht dem Fluss, der ja nach zwei Kilometer in einer

Schlaufe um die Stadt herumführt. Außer ein paar mickerigen Pappeln und Birken waren am Ufer nur vertrocknete Disteln zu sehen, von den Sonnenstrahlen fast zu Metall gehämmert, so dass sie wie aus Blech gemacht aussahen. Es war schon in der Frühe heiß. Ein paar Radfahrer strampelten mit feschen Schenkeln und eng anschließenden Hightechhöschen an uns vorbei.

An einer kleinen Stelle des Flusses, die hinter dem trockenen Gestrüpp wie eine Oase hervorschimmerte, ruhten ein paar Schafe. Auf der anderen Seite des Weges döste der Schäfer im Gras vor sich hin. Nur sein Stab ragte in den Wanderweg hinein. Neben ihm zwei Hunde. Der Schäfer schien aber nicht zu schlafen, denn sobald ein Radler auf dem Weg vorbeikam und er ein Schaf bemerkte, das auf den Weg wollte, sprang der Schäfer auf, trieb das Tier auf die Weide zu seiner Herde zurück und legte sich dann wieder nieder. Als wir dann vorbeispazierten, erhob er sich, zupfte an meiner Jacke und fragte mich, warum ich die nicht ausziehe, da es doch viel zu heiß sei. Das war lieb gemeint, von einem Schäfer, der gerade alle seine Schafe frisch geschoren hatte.

Der Rundwanderweg um die Stadt war noch nicht ausgebaut, so dass der Weg in die Stadt zurück mühsam erforscht werden musste. Wir fanden dann schließlich einen sandigen, von Disteln zugewucherten Weg durch eine Industriebrache der Bahn. Das war wenig erfreulich. Eine graffitibeschmierte Unterführung musste gequert werden; dahinter entschädigte ein Mauergraffiti mit einem wunderschönen Don Quijote-Sancho-Pansa-Paar für die Sucherei. Es empfiehlt sich sehr in spanischen Städten, einfach irgendeinen Bus zu besteigen und beliebig lange herumzufahren, egal wohin: Das beschert überraschende Aussichten von der Höhe des Sitzes sowie die Chance, mit Spaniern anzubändeln und kleine Konversationen zu führen und gibt jedem Tag des Bummelns neuen Pfeffer. In Spanien wird man zwar höchst selten mal in die Wohnung eingeladen, aber sehr gerne auf die Straße oder auf eine Bank und dann …

Futterneidische Karpfen und abgewatschte Enten

Abends dann eine Begehung des Don Quijotewegs auf der gebirgigen Seite des Tajo. Hier ist der vorne so breit und träge dahinströmende Tajo fast ein Wildfluss. An den hochaufragenden Felsen klebten Unmengen von Vögeln. Es gab hier sogar einen kleinen "Embarcadero", eine Bootsstelle, wo Kinder Hunderte von arg zerfetzten Enten mit Weißbrot fütterten. Enten? Nicht nur das. Da tauchten fleischige Karpfen an die Oberfläche und schnappten den

Vögeln die Brotstücke weg. Sobald diese fischleibigen Fettwänste auftauchten, gingen die Enten auf Abstand. Man hörte es förmlich, wie die Fische mit einem Happs das Brot in ihre Mäuler sogen. Pflbp, pflbp, pflbp, und weg war der Bissen. Waren sie satt, so fanden sich weitere Kinder ein. Die Enten waren wieder am Zug und stritten sich um die viel zu großen Brotstücke, die ihnen die Kinder an den Schnabel warfen. Dann paddelten doch wieder die Karpfen an, und sobald eine Ente einem dieser Gierlappen das Brot streitig machen wollte, bekam sie eins mit dem Fischschwanz aufs Maul sozusagen. Das war herrlich anzusehen, besser als jedes Fußballspiel, aber die Enten sahen hinterher halt doch arg zerrupft aus.
Dass Enten, die sich doch sonst so effektiv mit ihrem Schnabel wehren können, derart von futterneidigen Karpfen abgewatscht werden, nein, so etwas habe ich noch nie in meinem Leben gesehen.

Abb. 58, Enten am Tejo

Convento de la Cruz

Ganz in der Nähe unseres Hotels befand sich das *Convento de la Cruz,* ein eindrucksvoller Renaissancebau, mit Kanoneneinschüssen aus dem Spanischen Bürgerkrieg. Das Kloster beherbergt heute das Museum *Kastilien La Mancha* mit vorzüglich erhaltenen römischen Mosaiken aus der provinzialrömischen Spätantike. Die Farben der Mosaike wirkten wie neu. Sie enthielten allerlei Fische und Krustentiere als lebendigen Mittelpunkt. Es gab auch Darstellungen verschiedener Schiffe, Angler- und Badeszenen. Dies waren ohne Übertreibung die schönsten Bodenmosaike, die ich je in meinem Leben gesehen habe.

Es gab auch Stelen mit arabischen Schriftzeichen aus der maurischen Zeit. Schwerpunkt der Ausstellung waren jedoch Bilder mit religiösen Motiven, ein ganzer Gang widmete sich Gemälden von El Greco. Portugiesische *Azulejos* hatten einen eigenen Raum.

Ein El Greco zog ein so starkes Interesse von meiner Seite auf sich, dass ich einen Begeisterungsschrei ausstieß, und ein Wärter mich zur Ruhe mahnte. Als ich mich auf Spanisch entschuldigte, wurde er sogleich wieder ganz milde und lächelte sogar, ich will nicht sagen verzückt, aber doch so in die Richtung. Na ja, es ist nicht schwer, harte Männer zu erweichen.

Santa Maria la Blanca

Santa Maria La Blanca, ehemals eine Synagoge, ist jetzt ein Museum mit Wechselausstellungen. Die weißen Säulen mit den über den ganzen Raum verteilten Bögen erzeugen einen überraschenden Effekt, doch ist die Wirkung der ehemals mit Leben erfüllten Kirche inzwischen so museal, dass sie nicht mehr unmittelbar das Herz anspricht. Museale Kälte, mehr fällt mir dazu nicht ein. Aber die leidvolle Geschichte der Synagoge sollte man sich merken: Genau 1492 wurde die sie nämlich in eine christliche Kirche umgewandelt. Da begann die schreckliche Zeit, in der das durch die Hasspredigten der Dominikaner, der *Domini canes,* aufgeheizte Kastilien die zum Christentum konvertierten Sepharden verfolgte. Wenige Jahrzehnte davor war die Inquisition eigens zu diesem Zweck, nämlich ein Christentum reinen Blutes im Land zu installieren, eingeführt worden. (Nach Bossong, Georg, Die Sepharden, vergleiche Literaturverzeichnis).

Seilfähre über den Tajo

Gegen 18 Uhr war die Stadt in ein goldbraunes Licht getaucht. Am Tajo, nahe der Stelle, wo wir gestern die Karpfen hatten springen sehen, setzte eine Seilfähre vom Embarcadero auf das andere Ufer über. Was für ein altmodisches Ding! Eher ein Zimmer mit Geländer und Gartenbank drin. Es fuhr auf Abruf, und es gab einen Eimer für eine Spende. Gemütlich auf der "Gartenbank" Platz nehmend, setzten wir über. Am anderen Ufer führte ein kleiner Serpentinenpfad auf die Felsen zur gegenüberliegenden Stadtseite. Je höher der Anstieg, umso schöner entfaltete sich das Panorama der Altstadt mit der ganzen Silhouette, dem Alcázar, den Kirchen, Klöstern und dem Dächerhaufen der Altstadt.

Abb. 59, Schaukelei über den Tajo

Es waren viele Leute da, die sich im Anblick der Stadt badeten, stillende Mütter, Bräute im Hochzeitskleid samt Männern, Eltern mit ihren Babys, Angestellte, die nach Feierabend noch ihrer Stadt vom natürlichen Mirador aus huldigen wollten und Jugendliche mit ihren auf volle Dröhnung gestellten Ghettoblastern.
Zurück ging es auf dem gleichen Serpentinenpfad wieder zum grünen Wasser des Tajos hinab. Es war wie eine Wanderung durch eine dürre griechische Landschaft. Irgendwie arkadisch, mit den trockenen Disteln, den stark riechenden Fenchelstauden und dem sandigen und kurvenreichen Weg hinab zum Fluss. Der Fährmann war noch da und brachte uns ans andere Ufer. Da kamen sofort wieder die weißbrotgemästeten Enten auf uns zu geschwommen. Doch in welch majestätischer Würde! Durch die Reflexion des gelben Felsens wirkte das Wasser wie geschmolzenes Gold, fast metallisch, mit ei-

ner für das Auge fast klebrig wirkenden Konsistenz. Die Enten hatten jetzt Oberwasser, die Karpfen waren wie vom Erdboden verschluckt. Es kamen Leute, die haufenweise Weißbrot ins Wasser kippten: Eigentlich genug für alle, doch die Enten zankten sich dennoch um einzelne Stücke, während sie zu große verschmähten.

Buenas días oder adíos?

Der Frühstückskellner im Alfonso, ein breitschultriger Bulle mit einem grätigen Gesichtsausdruck begrüßte uns heute Morgen mit Adíos und wollte doch eigentlich *Buenas días* sagen. Wahrscheinlich hat ihn der gestrige Besuch der Guardia Civil in eine schlechte Laune versetzt, die dann bis heute Morgen noch andauerte. Mein Bett muss an einer Übervölkerung an Wanzen gelitten haben, denn es juckte mich am ganzen Körper. Das Obst war alt und schrumpelig, das Brot labbrig, die Eier hart. Egal, wir ließen alles liegen und stürzten uns in die Gassen von Toledo.
Im Patio der katholischen *Universitad de Lorenzana* kratzte ein Arbeiter den Taubenmist von den Bodenfliesen und beschwerte sich, dass die Tauben jeden Tag die Statuen vollmisten: "Todos los días las palomas hacen caca sobre las estátuas." Genauso war das, und die weiße Sauce lief den Denkmälern über Gesicht und Arme, was ihnen einen besonderen Charme verlieh.

Überraschende Einladung

Auf dem kleinen Platz vor *San Domingo el Antiguo* passierte dann die Überraschung: Wir wurden wie von Geisterhand in einen Patrizierpalast hineingewunken! Die Putzfrau an der Tür entpuppte sich als die Hausherrin und der Türspalt, an dem der Schrubber hin und herfuhr, gab den Blick auf einen wunderschönen Lichthof frei. Ob wir da einmal hineinschauen durften? Ja, sogar freudig ließ man uns hinein, erst recht, als man erfuhr, dass mein Mann *Profesor de historia* sei. Denn auch der Großvater, der in einem Schaukelstuhl saß, war früher ein *Profesor de historia.* Voller Stolz führte er uns seine wertvollen Keramikschalen und Schnabelkrüge aus dem 16. und 17. Jahrhundert vor, die überall an den Wänden und auf den Regalen versammelt waren. Dann gab es im Innenhof noch einen alten, keramikgefliesten farbigen Ziehbrunnen, auf dem schon Cervantes und seine Zeitgenossen gesessen seien, na ja, das war wohl eine kleine Übertreibung des Professors, aber die acht

kleinen Trinkgefäße auf der Mauer des Ziehbrunnens dürften schon ziemlich alt gewesen sein.
Der Professor nahm eins hoch, führte es an den Mund und zeigte, wie man sachgerecht den Rioja daraus trinkt. Mindestens eine Stunde ging das Gespräch hin und her, es war dies eins der kleinen kommunikativen Wunder, die man wahrscheinlich nur in Spanien so erleben kann. Der zehnjährige Enkel gesellte sich hinzu und erledigte seine Hausaufgaben an einem niederen Tisch. Er war seinem Großvater wie aus dem Gesicht geschnitten und strahlte dieselbe ruhevolle Würde aus wie sein Großvater, ein Patrizier in Kleinformat sozusagen.

Monasterio de San Domingo el Antiguo

Gleich neben dem Patrizierpalast befand sich das Dominikanerkloster, das *Monasterio de San Dominico el Antiguo,* mit dem Grabmal El Grecos und einem übergroßens Altarbild des Malers im Chorraum. Gerade, als ich meine kleine Digitalkamera zückte, kam aus dem Hintergrund laut zischend eine Nonne auf mich zu, klatschte mehrmals in die Hände, als wäre ich ein dummes Federvieh, das man vom Hof scheuchen müsse. Wessen habe ich mich schuldig gemacht? Ich hatte mich mit meiner Kamera zu dreist an das Bild des Meisters gewagt. Welches Sakrileg! Sobald mein Objektiv wieder ins Gehäuse geschnurrt war, und ich Worte der Entschuldigung gestammelt hatte, war die Nonne zuckerfreundlich, als hätten wir das beste Verhältnis miteinander. Sie machte dann psst, lachte süß und hielt den Zeigefinger vor den Mund. Dann zeigte sie uns eine am Fußboden eingelassene Scheibe, durch die man in die Gruft des Meisters schauen konnte. So ruhig und still war es da unten. Der Meister lag in einem schlichten Zinksarg, und neben ihm flackerte ein ewiges Licht. Danach wurde ich von der Nonne, die mir am Anfang so arg zugesetzt hatte, auf die im Kloster produzierten Kekse hingewiesen, die auch hier, wie in anderen Städten in Pfund -und Kilopackungen angeboten wurden.

Hospital de Tavera

Es folgte eine Besichtigung des *Hospital de Tavera* auf der anderen Stadtseite, in der Nähe der Stierkampfarena. Hier bekamen wir für schlappe vier Euro eine unglaublich freundliche und vor Witz sprühende Führung von einer jungen Spanierin. Ihre lebendigen braunen Augen glänzten vor Klugheit, und jedes Mal, bevor sie einen Satz anfing, lachte sie laut glucksend, als müsste sie sich über die strengen Möbel und Bilder in den Arbeitsräumen des Erzbischofs kaputtlachen. Auch hier, im Wohnzimmer des Fürstbischofs, gab es ein paar besonders wertvolle El Grecogemälde. Eigentlich war das Hospital ja als Krankenhaus und als solches speziell für mittellose Kranke gebaut worden, doch in den edel eingerichteten oberen Etagen des Klosters frönte der klerikale Adel seinem prunkvollen Lebensstil. Lohnenswert waren die Besichtigung der Krankenhausapotheke und die lateinische Sprüche über den Türrahmen, die den Kranken in barocker Manier an seine Endlichkeit gemahnten.

Abb. 60, Vorsicht, stachelig ...

Sendero ecológico in Toledo

Danach blieb noch Zeit, entlang des Tajo an der Steilseite der Stadt den *Sendero ecologico* zu erkunden, der die Illusion völliger Naturbelassenheit geschickt erzeugt hätte, wären da nicht die vielen Graffitischmierereien an den Mauern und die zahlreichen zerknüllten Plastikbecher, von Passanten gedan-

kenlos ins Binsengestrüpp geschleudert gewesen. Der Tajo ist auf dieser Seite wild und grün und im Sonnenlicht spiegeln sich die gelben Felsen im Wasser und verwandeln im Abendlicht den Tajo in einen Fluss aus geschmolzenem Gold.
Die an den Felsen nistenden Wasservögel und Tauben haben hier ihr Paradies, denn kein Mensch würde es wagen, sich an den massiven und mächtigen Felsen baulich zu vergreifen.

Barsche Ober zum Frühstück

Zum Frühstück gab es heute wieder die barschen Ober, die schon allein über den Sachverhalt beleidigt schienen, dass Gäste sich überhaupt zu zeigen wagten. Wir fragten uns, ob die Kerle noch Überbleibsel aus der Zeit Francos waren. Das mürrische Gehabe dieses kellnernden Altherrenvolks passte perfekt zum pseudoantiken Ambiente des Hotels. Die Wanzen der vergangenen Nacht fingen wieder ziemlich an zu jucken.

Abb. 61, Serviert mit Stil ...

Abb. 62, Wohin führt sie?

Abb. 63, Es ist gedeckt

ARANJUEZ

Aranjuez, der Sommersitz der spanischen Könige, ist rund 60 km von Toledo entfernt. In dem unterirdischen Bahnhof von Toledo stand an einem Pfeiler ein völlig übermüdet aussehender junger Mann, der auf die rotweiß-gepunkteten Shorts einer jungen Rumänin starrte, die sich ganz ungezwungen mit ihrer Mutter und Großmutter unterhielt. Im Bus kamen wir hinter das Dreigenerationengespann zu sitzen, es ergab sich ganz zwanglos ein Gespräch, in Spanien eine sehr leicht herzustellende Gelegenheit. Die junge Frau mit den gepunkteten Shorts sah aus wie ein Marienkäfer. Ein Marienkäferkind der Krise, welche die jungen Leute besonders hart heimgesucht hat und immer noch heimsucht. Sie hatte in Frankfurt BWL studiert und keine Stelle im Anschluss an das Studium ergattern können. Ihr Abitur hatte sie auf der Deutschen Schule in Hermannstadt (Sibiu) in Rumänien abgelegt und arbeitete jetzt als Stewardess bei einer Berliner Fluggesellschaft. Die Mutter, seit vierzehn Jahren in Toledo lebend, war als Englischlehrerin und Zimmermädchen in einem Hotel tätig, denn mit dem Gehalt einer Lehrerin allein hätte sie sich kaum die Busfahrten zu ihrer Tochter leisten können.

Abb. 64, Plaza de los caballeros

Dann kamen wir in dem kleinen *Aranjuez* an, das mit dem *Concierto de Aranjuez* jedem Platten- und CD- Hören zumindest vom Namen her bekannt ist. Während der ganzen Busstrecke blieb mir dieser weltweit bekannte Ohrwurm im Ohr.

Das Städtchen Aranjuez ist planquadratisch und, wie viele europäische Barockstädte hat es diese geraden Straßen, von denen andere rechtwinklig abzweigen. Diese Barockstädtchen sind herrscherfreundlich gebaut, denn hier konnte sich in Zeiten des Barock kein Untertan vor berittenen Ordnungsmächten verstecken. Quadratisch, praktisch, gut: Der Fürst wahrte stets die Übersicht über sein Volk und konnte, im Falle eines Aufstandes, fix mit seiner Polizei durchgreifen. Er hatte durch die Linearität der Straßen immer den vollen "Durchblick", und die großen Plätze dienten dem Regieren und Exerzieren.

Abb. 65, Bärtige Venus

Die ein- bis dreistöckigen Häuser der Stadt zeigen ein menschliches Maß. Auch sie sind symmetrisch gebaut, jede Straßenseite ein Spiegelbild der anderen. Im Zentrum ein hübscher Platz mit Markthalle und Rathaus, lange Arkaden, die an Hitzetagen Schatten spenden. Heute sind solche Städte die reine Erholung für den Fußgänger. Man versinkt nicht zwischen den endlos tiefen Gassen mit ihrer schlechten Luft wie in den sonstigen Großstädten des Landes. Wegen seiner hübschen Lage am Fluss ist Aranjuez auch zur Sommerresidenz der spanischen Könige erwählt worden, mit Schloss, Park und einem großen, vollkommen symmetrischen Exerzier- und Wohnplatz für die Caballeros, sprich, den Hofstaat.

Parque de los Caballeros und eine bärtige Venus

Dieser *Parque de los caballeros* mit seinen auf drei Seiten überdachten Arkaden, ist heute eine Rentneranstalt, einst aber ein Tummelplatz für die militärische Kaste, die Caballeros eben. Die Mitte des Hofes der Anlage zierte ein Venusbrunnen mit einer Restpfütze darin. Die Venus, von anmutiger Gestalt, trug einen Backenbart aus grünen Flechten. Als ich unter den Arkaden ein paar vertrocknete Blumen in einem Fenster fotografieren wollte, schoss ein zorniger Rentner hinter einem Pfeiler hervor und giftete mich mit einem knallharten "No!" an, als hätte ich mit meiner Kamera einen Schuss auf seine persönlichen Blumen abgegeben, dabei standen die schon halb eingegangen neben den nicht weniger verschrumpelten Gardinen.

Plaza de los Toros

Die Stadt verfügt auch über eine Stierkampfarena aus dem Jahr 1790, Vorbild für viele weitere im Land. Rotgelb, in den spanischen Nationalfarben bemalt, besteht sie ganz aus Holz. Im Inneren der Rotunde befinden sich Extraabteilungen für Polizei und Presse, und eine Kapelle mit Beichtstuhl, in der sich zwar nicht der Stier, aber wohl der Torero geistlich auf sein mögliches letztes Stündchen vorbereiten kann. Das Beerdigungsinstitut befindet sich direkt gegenüber der Arena, auf der anderen Straßenseite. Gleich im Eingangsbereich baumeln von der Decke riesige Fleischerhaken, an denen das zu Tode geschundene Fleisch des besiegten Stieres dann "posthum" abhängen kann.

Abb. 66, Arena

Abb. 67, Kapellchen, Vorm letzten Stündchen ...

Das Schloss

Eine heitere Barockanlage, an der vor allem das Schlafzimmer der Königin Isabella II mit einer Decke im Stil der Illusionsmalerei interessierte, eine Art Himmel, in dem Regentinnen auf Wolken herumsitzen wie auf Plüschsofas. An der Wand gegenüber dem Bett der Königin das Bild eines blutschwitzenden, dornengekrönten Christus, den Blick gequält auf den barocken Freudenhimmel geheftet. Wie mag sich Isabella II da auf ihrem verschnörkelten Bett aus makellosem Tropenholz wohl gefühlt haben, in einem Auge den geschundenen Christus, im anderen die Wolkensofas?
Vom Schlafzimmer zweigte eine Kapelle ab mit einem geradezu erschlagenden Bildnis des Gekreuzigten. Davor eine Kniebank. Das Leiden Christi voller Inbrunst zu betrachten ist halt auch eine Beschäftigung für Königinnen und wenn sie noch so intrigant und verschwendungssüchtig waren, wie es Isabella der zweiten nachgesagt wird.

Jardín del Principe

Abb. 68, Wasser! Wasser!

Es blieb noch Zeit für einen ausgedehnten Spaziergang im Jardín del principe, der größten Grünanlage innerhalb einer Stadt in ganz Spanien. Der Garten reichte vom Schloss kilometerlang in die Ebene hinein. Er wird vom Tajo umrandet, dessen Wasser abgezapft und in Bewässerungskanäle geleitet wird, die den ganzen Park durchziehen. Ohne diese wäre hier alles versteppt. Überall im Park sah man ganze Rasenstücke unter Wasser gesetzt, die faulig vor sich hindümpelten. Die Bäume standen stellenweise tief mit den Stämmen im Wasser, von unten her ebenfalls faulend, wahrscheinlich kränkelnd wie Blumen, denen man zu hohe Fußbäder verpasst hat.

Der Tajo selbst war nur an wenigen Stellen zu sehen und stank vor sich hin wie ein Abwasserkanal. Das Wasser grün wie Spinatsuppe, es stand still und floss nicht. Alle Springbrunnen im Park lagen trocken. Eridanus, der hübsche Wassergott, im Trockenen, kein müder Tropfen spritzte aus den vielen Fisch- und Froschmäulern der Brunnenverzierungen. Selbst das Rohr, das aus dem Maul eines steinernen Krokodils ragte, gab keinen Tropfen her.

Der Ozongehalt in der Luft war so hoch, dass ich davon Halsschmerzen bekam, die Brust fühlte sich rau an wie bei einer Bronchitis. Ich trank an den Kiosken ununterbrochen Nordic Mist, um den Durst zu löschen. In Spanien besteht die Unsitte, die Gläser mehr als halbvoll mit Eiswürfeln zu reichen. Als ich einmal vergaß, mein Getränk ohne Eiswürfel zu ordern und darum bat, das Eis zu entfernen, griff der Kellner auf meine Bitte hin, den Zitronenschnitz mit seinen dicken Fingern, die fast das Glas zerbrochen hätten, kurzerhand aus dem Glas und beförderte die Eiswürfel mit einem Löffel auf die

Straße. Dann legte er den Zitronenschnitz wieder in das Glas, jetzt nur noch halbvoll.
Auf dem Rückweg waren wir die einzigen im Bus, obwohl die Buslinie von Toledo nach Aranjuez nur einmal am Tag bedient wird. Welcher Luxus und welche Großzügigkeit in diesem krisengeschüttelten Land!

Der weiße Spatz

Auf der *Plaza Zocodovár*, dem zentralen Platz vor dem Eingang in die Altstadt, wo Konfiserien mit Süßigkeiten und Kuchen untereinander konkurrieren und Ritterrüstungen und Toledaner Schwerter um Käufer buhlen, herrschte ein reger Betrieb von Spaniern und Spatzen. Letztere stürzten sich in Scharen von den Robinien des Platzes auf die Weißbrotkrumen, die die Passanten ihnen hinwarfen, während die Spanier in ebensolchen Scharen auf den mit Don Quijote-Motiven gefliesten Bänken saßen. Da hockte, habe ich richtig gesehen, inmitten der pickenden Spatzenschar ein kleiner Albinospatz, der von den anderen Spatzen kräftig gemobbt wurde! Keinen Krümel gönnten sie ihm und verscheuchten ihn jedes Mal, wenn er glaubte, endlich mal einen erhaschen zu könne. Das war genau umgekehrt als zu der Zeit, wo die weißen Spanier die dunkelhäutigen Mauren drangsalierten.

Ende der Reise

Für Spanier ist jetzt der Hochsommer zu Ende. Die morgendlichen zwanzig Grad sind hier schon herbstlich und manch einer hat schon einen Schal umgebunden. Selbst mittags um fünfzehn Uhr knackt das Thermometer nicht mehr die Dreißiggradmarke.
Hasta la próxima vez! Geliebtes Spanien! Doch halt! Noch eine Frage! Bist Du so, wie ich dich mit meinen Augen gesehen habe?
Exacto, así, peró diferente.
Adíos Espana, mi amor!

Anhang

Kleines Spanienlexikon

Zusammenfassung aus Reise und Lektüre

Apostoladas: Serie von Apostelgemälden, von El Greco für verschiedene Auftraggeber seines Jahrhunderts gemalt

Alfonso VI: Name unseres Hotels in Toledo. Grandhotel gegenüber dem Alcázar, angegammelter Charme, ranzige Ober, Fernseher funktionierte nicht, Wanzen als Mitmieter, aber das wird ausgeglichen durch einen grandiosen Ausblick auf das alte Toledo mit der gluckenartig im Dächermeer brütenden Kathedrale.

Beichtstühle: Im Parque del buen retiro in Madrid wurden anlässlich des Papstbesuches *vierzig* hochelegante, weiße, zusammen- und auseinanderklappbare mobile Plastikbeichtstühle aufgestellt. Prompt erschien in *El país* am 23. August, drei Tage vor Ankunft Benedikts des XVI. eine satirische Glosse von dem in Spanien renommierten Gesellschaftskritiker Juan Goytisolo mit der Überschrift*: "Meine erste Beichte".* Hier eine Übersetzung:

"Meine erste Beichte unternahm ich unter Nutznießung der Sommerrabatte für den Besuch des Parque del R es Retiro und den Auftritt des Papstes dort (denn wer beichtete, bekam einen Sonderpreis für den Park inklusive, Anm. der Verfasserin). Die unter Kastanienbäumen aufgestellten, wandschirmartigen, tragbaren Beichtstühle, sehr geeignet zur Ausführung des Sakraments, gaben mir den Anstoß, mich vor dem Unbekannten (desconocido: gemeint ist der Beichtpriester, Anmerkung der Verfasserin) niederzuknien, der mich aus dem Getto der Exkommunizierten herausholen und meinen Aufstieg zu den "ewigen Ehren" erleichtern konnte. Ich zählte ihm meine Todsünden auf: Ich hatte zweimal abgetrieben, zwei Föten von unbekannten Vätern, vielleicht von diesen afrikanischen *Sin papeles*, mit denen ich häufig Umgang pflegte, aber das bereute ich aufrichtig und machte Gebrauch von der Sonderofferte der Sündenvergebung aus Anlass dieser heiligen Tage "Gottes Gnade ist wie Ariel, sie wäscht alles weiß," säuselte mir eine sanfte Stimme an meiner Seite zu. "Bete das Paternoster und drei Ave Marias, und wenn Du deine Seele gemäß der Heiligen Lehre wieder aufrichtest, dann wirst du erlöst sein!" Wie soll ich das Glück beschreiben, dass mich durchrieselte? Frei und unbefleckt von Schuld richtete ich mich auf, und, mit meiner Eineurosondereintrittskarte und einem Bildchen von Sankt Benedikt ausgestattet, stürzte ich zum nächstgelegenen lavaculpa, (Synonym für Beichtstuhl, Anm. der Verfasserin). Erneut kniete ich nieder und beichtete eine andere Sache, ebenso wahr wie die erste: "Ich habe in einer weltlichen Klinik abgetrieben und mir einen Penis annähen lassen, der mich eine Heidensumme gekostet hat. Der Priester schwieg, aber sein Räuspern und sein saurer Atem durchdrangen den Filter des Beichtgitters. Ich wusste überhaupt nicht, von wem der Embryo stammte, den ich kaltblütig getötet hatte. Dutzende Male bin ich mit Leuten aller Farben und Rassen ins Bett gestiegen, und das, ohne ein von der Kirche verdammtes Präservativ zu benutzen, weswegen ich mir auch noch HIV einkassiert habe. Aber als mir dann der anstehende Papstbesuch zu Ohren kam, ging mir ein göttliches Licht auf, ich fand mich bedrückt und zerknirscht und beschloss, während dieser heiligen Tage die Eucharistie zu empfangen.

Abb. 69, Morgenmesse

Der Beichtpriester stöhnte, ich weiß nicht, ob aus Entsetzen, Mitleid oder Erregung. "Das alles ist schwer, meine Tochter!" "Mein Sohn", verbesserte ich ihn. Gut, wie du willst, ein solcher Fall ist mir in meiner langen Laufbahn noch nicht untergekommen, aber gut, bete, bete, für die Christianisierung Spaniens und ich werde dir die Absolution erteilen.

Ich betrachtete den Rasen des Parks und das Licht, das von den Bäumen sickerte. Ich spürte eine nie gekannte Energie in mir, und die Angst, meinen

Freund zu heiraten und die Not, mein Gewissen zu entlasten trieben mich dazu, mich vor weiteren Beichtstühlen auf die Knie zu werfen, und neue Variationen des gleichen Themas zu improvisieren: Prostitution, Aids, Abtreibung durch nicht akkreditierte Ärzte ..., die grausam der Existenz kleiner, embryonaler Seelchen zersägten.

Mein *Mea culpa* erschreckte auch den erfahrensten Seelenarbeiter. Seine Fragen, die immer konkreter wurden, wie? Wie oft? Haben Sie Lust dabei empfunden? Und ich, ich armer Sünder, trotz Rock und Sommerbluse auf maskulin getrimmt, habe genossen, oh Pater, Sie können sich das nicht einmal vorstellen, aber jetzt bereue ich, um Gottes, der Jungfrau und der Heiligen willen, ja, ich bereue. Ich habe noch eine Frist von fünf Tagen (bis zur Hochzeit, Anmerkung Verf.) und will mit meinem Bräutigam in das himmlische Reich eingehen. Ich wurde von einem Mann zu einer Frau und umgekehrt, ohne Kondom, Vater, insistierte ich, aus Respekt vor der Kirche habe ich mir Aids zugezogen, sprich mich von Sünden frei, um der Liebe Jesus willen, und ich werde einen Kreuzweg ablaufen, und mit meinem Zukünftigen zur großen Messe der *Cuatro Caminos* gehen und mir einen Florentiner Hut aufsetzen. So werde ich eine glückliche Seropositiva sein, dank der Barmherzigkeit des Benediktus und seines durch göttliche Vorsehung geleiteten Besuchs in unserem Spanien, das sich heute in einem verwirrten und laizistischen Zustand befindet.
Geistlich gestärkt, beschloss ich, den mir zugeteilten Segen auf das Reich des Materiellen auszudehnen. In Begleitung meines Zukünftigen nahmen wir die Sommerrabatte für Hochzeits- und Taufartikel einer Filiale des Corte Inglés in Anspruch".

Canossa: Canossa? Das war doch schon mal? Ja, stimmt, und es war jetzt wieder. Als "konfessionelles Schauspiel" und als "Gang nach Canossa" titulierte der Gesellschaftskritiker Juan G. Bedoya die Aufwartung der spanischen Politiker und des Königshauses beim Papst bei dessen Ankunft. Selbst die wutschnaubenste laizistische Linke Europas ("la más furibundamente laística de Europa, ségun sentencia del proprio Vaticano") huldigte dem Oberhirten der römisch-katholischen Kirche. Dabei: Zapatero und Bono, ersterer damals Staatschef. Das muss man gesehen haben, wie sie vor dem Papst, der "wie ein römischer Imperator" gekleidet war, die Köpfe neigten-

Benedikt XVI kam als Oberhirte der Christenheit nach Madrid, um Spanien für die katholische Sache zurückzugewinnen, und die Jugend fürs Priesteramt zu begeistern. Im Staatspavillon des Flughafens versammelte der Papst mehr kirchliche, staatliche und militärische Amtsträger um sich, als jemals ein anderer Amtsträger weltweit.

In seiner "Verzückung" (spanisch arrobo) ob der Huldigungen, meint der Analyst, habe der Papst "einen Gesichtsausdruck wie Gregor VII" gezeigt, der sich 1073 zum obersten Herrscher der Erde erklärte, und dem die Könige untergeordnet waren. Der mächtigste Herrscher Europas, Heinrich der IV, wollte damals nicht einsehen, dass er weniger gelte als der Papst und zog sich, der er ja als Mensch nur ein Sünder war, mit seinem Renegatentum und seinem weltlichen "Dünkel" alle Gemeinheiten Roms aufs Haupt. Das war ihm dann wohl doch zu viel, und als er sich daraufhin mit dem Papst wieder versöhnen wollte, musste er mit seiner Gattin und seinem zweijährigen Söhnchen über die verschneiten Alpen reisen und sich im Schloss von Canossa dem Papst vor die Füße werfen. Drei Tage ließ Gregor Heinrich dann zappeln, dann musste er sich noch, nur dünn mit einem Umgang bekleidet, barfuß über den Schnee bewegen. Erst dann und wirklich erst dann, erhielt er Vergebung und Segen (nach Bedoja Juan G., El País).

Churros: Ölkringel. Schmalzgebäck, das zusammen mit geschmolzener Schokolade konsumiert wird. Der Klassiker unter den Dickmachern. Die von Touristen meistbesuchte Churrería ist die Churrería San Gines in der Altstadt von Madrid.

Drogen: Drogen werden von jungen Leuten, meist von Pubertierenden, Spätpubertierenden oder auch Älteren während sogenannter Raves konsumiert. Das sind, ähnlich den *Botellónes,* bei denen die spanische Jugend Alkohol in rauen Mengen konsumiert, Massentreffs zum Zwecke des gemeinsamen Drogenkonsums unter Jugendlichen. Sie treffen sich in Schuppen, aufgegebenen Fincas, verfallenen Klöstern, zu denen man sich per Facebook verabredet. (nach El País vom 19. 8.11). „Las raves que se celebran en el Monasterio, un lugar de paredes desconchadas, grafitis, basura, betellas vacías y preservativos, tienen eco en Internet, el principal medio por el que se suelen organizar, aunque sobre todo funciona el boca a boca. Un pinchadiscos y un equipo de música hacen el resto."

Drogenmessen: finden in verlassenen Schuppen oder auch aufgegebenen Monasterios statt, die oft mit wilden Graffiti ausgemalt, den Jugendlichen bei Zusammenkünfte dienen. Während dieser an Satansmessen gemahnenden Veranstaltungen eines kleinen Teils der spanischen Jugend werden zu lauter Musik aus Kassettenrekordern Drogen bis zum Abwinken konsumiert. Solche Treffen nutzt die Drogendealerszene auch zur Verbreitung *neuer* Drogen.

*El Greco:*1541 auf Kreta geboren, 1614 in Toledo gestorben. Hauptmeister des spanischen Manierismus. Ab 1577 zunächst in Madrid, danach in Toledo.

Dort zunächst Maler für den spanischen Hofadel, dessen Geschmack er aber mit seinen kühnen Farben und in die Länge gezogenen Figurenfiguren nicht entsprach. Auch Philipp II, dessen Hofmaler er eine Zeit lang war, sagte El Grecos Stil nicht zu, so dass die Aufträge ausblieben. Danach entstanden seine Hauptwerke, die sich vor allem der Gegenreformation verpflichtet fühlen.

Abb. 70, Kachel in Merida

El Greco wurde später in San Domingo el Antiguo in Toledo beigesetzt. "Durch eine Öffnung im Fußboden kann der Besucher einen Blick auf seinen Sarkophag in der Gruft werfen" (Quelle: El Greco, Wikipedia).

Encierro: Der Encierro ist besonders in Kastilien ein Volksfest, das an vielen Orten im Sommer stattfindet. Beim Encierro werden die Jungstiere durch die Gassen getrieben und junge, Männer rennen vor oder hinter ihnen her, in Erwartung, nicht auf die Hörner genommen zu werden, was dann dennoch jedes Jahr mehrfach passiert. Der Encierro ist eine Variante des Stierkampfs für das Volk, das hier selbst als Stierläufer Protagonist des Geschehens sein kann. Er ist älter als der Stierkampf, der sich mit seinen kolosseumsartigen Rundbauten erst im 18. Jahrhundert in Spanien etablierte. Es geht also letztlich um das alte "Spiel mit dem Tod". Die Stierläufer, *Corredores* laufen bei manchen Festen in Massen vor den Stieren her, beim *Encierro in San Sebastian de los Reyes* waren es zuletzt tausendachthundert Läufer und neuntausend Zuschauer. Zwei der Läufer erlitten Verletzungen, einer davon schwer, ein größerer Teil kam mit Prellungen davon.

Die Stiere werden für die Rennen von ausgesuchten Viehzüchtern, den Ganaderos gestellt. Bei den Volksfesten, den *Penas,* setzt man auf die Viehzüchter, deren Stiere das beste Rennen liefern.
Keineswegs nur wage- und übermütige junge Männer überklettern die Barrieren, um vor den jungen Stieren herzurennen, die Zeitungen berichten auch, dass sich nicht wenig junge Frauen an der Hatz beteiligen. Dabei steht ihnen die Angst ins Gesicht geschrieben, geht es doch um nichts weniger als um ein in Kauf genommenes Lebensrisiko. Dennoch kommen im Verhältnis zum Autoverkehr nur wenige Personen bei den Stierläufen ums Leben. Als Großveranstaltung hat ein solcher Stierlauf auch schon eine feste Bezeichnung: *Encierro multitudinario.* Beispiel: Der *San Sebastian de los reyes,* mit dreitausendvierhundert Läufern, vierzehntausend Zuschauern und sieben Verletzten. Ausrichter war der Stall *Victoriano del Río,* mit wohl besonders kampfwütigen Jungstieren.

Estallido: das heißt auf Deutsch: Knall, Krach, Zerspringen, Explosion. Feste werden in Spanien auch meist mit einem Estallido, das heißt, einem Raketenknall, eröffnet, dem dann ein *Estallido de alegría* von Seiten der Festeros, der Festteilnehmer folgt. Vor allem die Stierfeste beginnen mit dem Zünden überlauter Raketen, welche mit Knallen und Rauchsäulen das Fest einleiten. Lauscht man dem Klang der Wortes *Estallido* nach, kann man auch auf den Gedanken verfallen, dass das etwas mit dem Wort "Stall" zu tun habe, etwa, *aus dem Stall ausbrechen,* so wie lange eingesperrte Tiere, die endlich ins Freie dürfen.

Estramonio: Auf Deutsch: Stramonium, wilder Stechapfel, auch bekannt als *Datura.* Das hochgiftige Kraut, das überall wächst, und in der Homöopathie in hoher Verdünnung für die Therapie des hyperkinetischen Syndroms oder wahnhafter Psychosen eingesetzt wird, sorgte in ganz Spanien für Furore.

El país berichtete über mehrere Tage von Todesfällen zweier Jugendlicher, die von ebenfalls noch sehr jungen Verkäufern eine Infusion des stark halluzigenen Krauts, aus Samen gewonnen, während einer Rave-Fête angeboten bekamen, dieses einnahmen und ihre Nonchalance der Droge gegenüber mit dem Leben bezahlten.

Solche illegalen *Fiestas* der spanischen Jugend finden oft in verfallenen kleinen *Monasterios* statt, die überall in der Pampa in der Nähe von Städten zu finden sind. Hier halten die Jugendlichen insgeheim ihre Partys ab, die sie schwarzen Messen gleich mit berauschender Musik zelebrieren. Junge Drogenhändler und solche, die es werden wollen, nutzen solche Parties, um neue Drogen auf den Markt zu bringen, die sie zuvor an solchen geheimen Orten, wie eben den Monasterios, testen. Die Jugendlichen stammen dabei keineswegs nur aus dem Prekariat. Auch Gymnasiasten und Kinder gutgestellter Familien schätzen, des starken Kicks willen, solche Festivitäten.
Auf unseren Überlandfahrten passierten wir mehrere solcher graffitiverzierten Schuppen und Abbruchkirchlein. Seit wir diese Nachricht in *el país* gelesen haben, dämmerte uns, was sich da nächtens in Spaniens zerfallenen Schuppen und Kirchlein abspielt.

Fe: Schlüsselwort des kastilischen Spaniens. Als Straßennamen, in Kirchen, auf Klingelschildern, auf Pilgertransparenten, als Eigennamen und: als Graffitispruch. Auf der Wand gegenüber dem Bischofspalast in Toledo war zu lesen: *Tien fe, in te!* (Glaube an Dich!) In diesem prägnanten Imperativ können sich der Katholik, wie der Laizist gleichermaßen angesprochen fühlen, ein Don Camillo und ein Peppone können ihn im Brustton der Überzeugung aussprechen: *Fe* heißt Glauben, Überzeugung, aber auch Vertrauen, Echtheit, Glaubwürdigkeit. Vertrauen in das eigene Urteil, Selbstvertrauen. Dann auch Leichtgläubigkeit und, als Verwaltungsvokabel: Bescheinigung, Beglaubigung, ähnlich wie im Deutschen. Die Platzierung des Spruchs gegenüber dem Bischofspalast war für mich in diesem Monat der intensiven spanischen Glaubensbewegungen und ihrer säkularen Gegenbewegungen mehr als ein Hingucker: Selbstvertrauen gegen Leichtgläubigkeit, das war wohl die intelligente Botschaft des Graffitispruchs.

Fiesta: Der August ist in Spanien der Monat der Volksfeste, *Penas* oder Fiestas, von denen es in jeder Stadt und jedem Dorf welche gibt. Mit der Vielgestaltigkeit ihrer Feste bringen die Spanier ihre Sozialhormone in Toppform, denn da wird geschwatzt, gegessen, gelacht, gerannt, geschrieen, sich verbrüdert und so weiter." Und die Feste haben es in sich, denn hier kann man hochkarätig "die Sau rauslassen". Zu Ehren des Heiligen Rochus z.B. gibt es Schaumfeste, bei denen die Straßen mit nassem Schaum gefüllt werden und die Spanier beim Sich-Bespritzen mit dem nassen Element in Freudentaumel ausbrechen. Dem Heiligen Rochus zu Ehren, wird um Wassergüsse von den Stadtbalkonen gebettelt, und alte Leute schütten Kannen von Wasser von den Balkonen auf die Jungen, und die jauchzen und prusten und kriegen sich kaum ein vor Spaß. In *Sanchotello* gibt es die "Churrilla", ein Fest des "gefüllten Rindfleisches", wo die Bewohner an langen Tischen im Freien gefüllte Schnitzel verzehren (ternera estofada). In eben dem Ort Sanchotello gibt es eine Variante des *Encierro,* wo riesige Stierattrappen auf zwei Rädern in die johlende, vor Lust und Angst kreischende Menge gefahren werden, und vor denen sich dann jeder in Sicherheit bringen muss, ein Nervenkitzel der besonderen Art. (*morlacos con ruedas*, Quelle: La Gazeta 22.8. 2011).

Die Spanier sind bei ihren Festen immer fröhlich, hüpfen, schreien, rufen, tanzen und klatschen in die Hände. Aber nicht nur das: Angstlust spielt da auch eine entscheidende Rolle, so beim Kinderencierro, wo schon Kinder sich durch die sie verfolgenden Plastikattrappen in lustvolle Erregung versetzen lassen.

Hemingway hat in seinem ersten Erfolgsroman *Fiesta,* der in Pamplona spielt und wo er auf die *Encierros* Bezug nimmt, geschrieben, dass in Spanien *"das Fest ausbricht",* während es bei uns, würde ich behaupten, lediglich "losgeht!"

Fußball: Die Spanier sind ein so fußballbegeistertes Volk, dass es immer wieder im Rausch des Erfolgs für einen der beiden Madrider Fußballvereine zu kleinen Beschädigungen und Diebstählen durch die *Aficcionados* am *Cibelesbrunnen* in Madrid kommt, sogar eine ganze Hand wurde der Cibeles schon einmal abgerissen, die von der Madrider Stadtverwaltung ersetzt werden musste (vgl. Ingenday, Gebrauchsanweisung für Spanien, Literaturverzeichnis). Für mich ist der Fußball die zivilisierteste Form des Stierkampfs. Hörner hat der Ball keine, es fließt nur wenig Blut. Es kommt lediglich zu Kratzern, Schrammen, Quetschungen und manchmal Knochenbrüchen, und das Volk ist zufrieden.

Goldene Papstworte: Viele beruft der Herr zum Ehestand, in dem ein Mann und eine Frau ein einziges Fleisch bilden und sich in einem tiefen, gemeinsamen Leben verwirklichen.

Andere beruft er, ihm im Priesteramt nachzufolgen oder in einem geweihten Leben. Wie schön ist es zu wissen, dass Jesus dich sucht, sich mit seiner unverwechselbaren Stimme an dich heftet und dir sagt: " Folge mir!"

Liebe Freunde, ich bete für euch aus ganzer Seele, und ich flehe zu euch, auch für mich zu beten. Bitten wir Gott in dieser Nacht, angezogen von der Schönheit seiner Liebe, dass wir immer gläubig als seine Schüler leben (nach *El País* vom 21. August 2011).

Und für die Zukunft wünscht der Papst: Bei der Gestaltung einer solidarischen Welt helfe uns das Bewusstsein, dass wir nicht nur einen Vater im Himmel haben, sondern auch eine Mutter, die Kirche, deren ewiges Vorbild die Jungfrau Maria ist.

Die Jungfrau Maria hilf uns, stets unserer Taufe treu zu bleiben! Einen schönen Sonntag und eine gute Woche euch allen!
Liebe Freunde, ich bringe meine Wertschätzung für euer Engagement zugunsten einer gerechten, solidarischen und die Umwelt respektierenden Entwicklung zum Ausdruck und wünsche euch für eure Arbeit alles Gute. (Aus dem Abreißkalender für 2012, vgl. Literaturverzeichnis).

Grotesken: Wenn man eine Sache in Salamanca gesehen haben muss, dann sind es die Grotesken im königlichen Kreuzgang der Estébankirche. Am besten spätnachmittags, wenn die Abendsonne diese kleinen Kunstwerke goldbraun einfärbt. Diese wunderbar verbiesterten Fratzen sitzen in den Kapitellen der hocheleganten Säulen und zeigen dieses Stück Lebenslust, das sich der Klerus zu allen Zeiten, seit es Würdenträger gibt, ohne schlechtes Gewissen geleistet hat. Man sollte sich vor allem für den Kreuzgang der Stephanskirche eine Stunde Zeit nehmen. Es lohnt sich!

Großereignis Papstvisite: Es war es bereits das dritte Mal seit seiner Amtszeit, dass der Papst Spanien besuchte. Sein letzter fiel in unsere Urlaubszeit. Vier Tage, vom 24. bis zum 28. August, brachte das Kirchenoberhaupt in Madrid zu, gut platziert inmitten des Großereignisses des Weltjugendtags der katholischen Jugend am 19. August 2011. Zu diesem Ereignis reisten Jugendliche aus fast allen Ländern der Welt nach Madrid und in die Städte Kastiliens.

Doch, sind die Spanier so katholisch? Darf man annehmen, dass hier, in Innerspanien der Katholizismus noch fest in den Steigbügeln sitzt? Ein kritischer Artikel in der NZZ vom 19. August geht der Frage nach, ob Großereignisse wie der Papstbesuch und der Weltjugendtag neue Massen dem Glauben zuführen können und bleibt in der Frage eher skeptisch. Die NZZ lieferte in dieser Ausgabe auch Zahlen: mehr als siebzig Prozent der Spanier gehören der katholischen Kirche an, doch lediglich zehn Prozent der katholischen Jugendlichen besuchen noch Gottesdienste an Sonntagen. Dreißig Prozent der Spanier bezeichnen sich als Atheisten. Auf diesem Hintergrund hatte der Papstbesuch eine deutliche Zielrichtung: die "Neuevangelisierung der Bevölkerung" Kann dieses Ziel des Papstes heute noch Masse machen? Auch hier eine Stellungnahme der NZZ: Da die Kirche eine lange Tradition großer Inszenierungen aufweist, geht ein guter Teil des Interesses der teilnehmenden

Jugendlichen auf das Konto des Events, d.h. es befriedigt den Erlebnishunger der Jugendlichen und - für die dritte Welt - ermöglicht das Ereignis es Jugendlichen, mit anderen Jugendlichen zu reisen und dabei ihren sozialen und altersgemäßen Grundbedürfnissen nachzukommen, d.h. Austausch, Musik, Party, in einem sozusagen geschützten Rahmen. Und die NZZ fährt fort. Ich zitiere:
"Freilich sind es vor allem junge Menschen mit einem bestimmten kirchlichen Hintergrund, die mit Angeboten wie Beichte, der religiösen Unterweisung durch Bischöfe, oder auch dem Papstgottesdienst als Höhepunkt der Veranstaltung am Sonntag etwas anfangen können ... Die ausdrückliche Zustimmung zum religiösen Glaubensbekenntnis ... wird (ja, Anm. Verfasserin) nicht verlangt ... Außer Frage steht jedoch, dass in Madrid die Begegnung mit anderen christlichen Jugendlichen aus aller Welt auch zur Neuentdeckung von Glauben führen kann ... ob sich Kirchenferne davon überzeugen lassen, ist sehr fraglich. Sie vom Glauben zu begeistern, wäre ein anspruchsvolles Projekt. Massenveranstaltungen mit dem Papst sind dafür kaum ein geeignete Instrument. Beim Weltjugendtag geht es eher um religiöse Selbstvergewisserung der schon Glaubenden." (NZZ a.a.O. der zitierten Nummer).

Hunde: Mit Hunden ist Madrid viel weniger gesegnet als zum Beispiel Berlin. Auch bei zehnstündigen Spaziergängen durch Madrid sind wir in keinen Hundehaufen getreten. Hunden begegnet man in viel größerer Zahl auf den Gemälden im Prado als auf den Straßen in Madrid. Für die Großstadthunde gibt es am Rand von Parks abgezäunte Plätze für das gemeinsame Spiel mit Kollegen und für die Toilette. In Madrid und Cáceres sahen wir sehr manierliche Hundchen, hübsch mit Schleifen frisiert oder in Sommerkleidchen gesteckt. Dabei scheint das Geschlecht keine Rolle zu spielen: Rüden machen auch in Mädchenkleidern etwas her. Und nicht zu vergessen der würdige Rauhhaardackel *Bonifacio de Calavera,* in der Altstadt von Cáceres (vgl. Text), der in seinem Naturpelz ging, erhaben über jeden Modetrend. Unvergessen bleibt mir ein Spitz von einem früheren in Madrid-Besuch, der in einem roten Flamencokleidchen von einem Kellner aus der Kneipe gejagt, einen Laternenpfahl ansteuerte, sein Bein hob und dort seinen Strahl abließ. Eine filmreife Szene.
In Madrid gibt es zahlreiche Geschäfte für Hundebedarf, die das Attribut "Das Modehaus für den Hund" verdienen würden. Eine Hundewaschmaschine, wie von Andrea Parr in ihrem witzigen Buch "Das kommt mir spanisch vor " beschrieben (Ullstein, Januar 2010) ,haben wir allerdings nirgends entdecken können.

Indignados: Das Vorjahr war das Jahr der Indignados, einer europäischen Bewegung. Dieser Begriff geht zurück auf eine kleine Streitschrift des deutsch-französischen Widerstandskämpfers Stéphane Hessel mit dem Titel "Indignez-vous!" aus dem Jahr 2010, der eine weitere kleine Streitschrift mit dem Titel "Engagiert euch!" im Jahr 2011 folgte. Auf allen Ladentischen europäischer Buchhandlungen und Kioske waren diese beiden kleinen Schriften ein Renner. Als politische Aufwecker gaben sie dem Aufstand und der Empörung der arbeitslosen und intellektuellen Jugend des durch die Bankenkrise geschüttelten Europas Schwung und Biss. Zuerst versammelte sich die griechische Jugend in Thessaloniki auf dem Syntagmaplatz. Weitere Städte folgten. In Spanien war die Puerta de Sol Mittelpunkt des Protestes gegen die Verschwendung der Potenz der Jugend durch Brachliegenlassen jugendlicher Energie in Arbeitslosigkeit bei gleichzeitiger Gier des Finanzkapitals. Auf der Puerta del Sol fanden wochenlang Diskussionen und Manifestationen statt. Zelte wurden aufgeschlagen und nächtelang wurde darin diskutiert und so gut wie nicht geschlafen. Die Madrider Regierung sah die Proteste zwiespältig mit teils duldendem Auge und teils prügelnder Hand. Mehrfach wurde die Puerta del Sol mit Polizeigewalt geräumt.
Auf dem schönen Madrider Platz im Herzen der Altstadt von Madrid, fanden nicht nur nette Folkloretänze statt, sondern auch Diskussionsrunden und kleine Kundgebungen, eben genau so, wie es sich für einen Platz des Volkes ziemt. In der Zeit um den Papstbesuch herum kam es dort wegen der Geldverschwendungen im Zusammenhang mit dem Besuch des katholischen Oberhaupts (dafür waren ja Steuergelder zu berappen, die man anderweitig hätte verwenden können) zu gewaltsamen Räumungen und Prügeleien mit der Polizei.

La Comunidad: Thriller. Vgl. Text. Der wahrhaft haarsträubende Thriller von *De la Iglesia* von 2002 spielt in seiner spannendsten Passage auf den Dächern der *Gran via* in Madrid und hat laut Text auf dem DVD-Cover folgende Handlung:
"In einer heruntergekommenen Dachwohnung in Madrid wird eine stark verweste Leiche gefunden. Die Immobilienmaklerin Julia entdeckt durch Zufall in der Küche des Verstorbenen einen verborgenen Schatz: stolze 300 Millionen Peseten. Dumm nur, dass die restlichen Mieter des Hauses schon lange hinter dem Geld her sind. Seit vielen Jahren wartet die skrupellose Meute auf diesen Augenblick. Aber Julia denkt nicht daran, auf ein Leben in Reichtum zu verzichten. Jetzt gilt es, das Geld aus dem Haus zu schaffen, doch auf den Gängen lauert schon die Gemeinschaft: eine mörderische Treibjagd über die Dächer der *Gran Via* beginnt."

Lärm: Dass die Spanier gerne Krach machen, davon zeugt nicht nur das Autogehupe in Madrid, sondern auch die Art, wie Feste gefeiert werden. So berichtete die Presse über das Dorf Morasverdes, das sein Sommerfest mit einem Motocrossrennen durch den Dorfbach eröffnete:
"Mit lautem Getöse rasten die Motorräder durch den regenfrischen Matsch im Fluss, und trugen mit Kapriolen, Saltos und pulssteigerndem Hochjagen des Motors zu den Wonnegefühlen der Schaulustigen bei. Deren Lustgekreische hob ihrerseits den Adrenalinspiegel der Crosslenker und diese legten, angestachelt durch die Zurufe " ihr ganzes Fleisch auf den Rost" (pusieron toda la carne en el asador"). Aus vielen anliegenden Dörfern war die Menge herbeigeströmt, um den "Benzingeruch zu riechen" (para oler el olor a gasolina)". *Para oler el olor*, klingt das nicht berauschend? (La Gazeta vom 22.8.2011).

Lopez Antonio Zeitgenössischer Madrider Maler, der zahlreiche Ansichten des modernen Madrid, sowohl realistisch als auch in surrealistischer Verfremdung gemalt hat. Unter seinen Bildern befinden sich Serien von Madrid, Familienportraits, Einzelportraits, romantische Zimmerinterieurs, Essensszenen, aber auch modernes Inventar wie vollgestopfte Kühlschränke und Wasserklos. Auf vielen Bildern kann man verfremdende Elemente entdecken, Dinge, die eigentlich nicht hineinpassen, und daher besonders anregend für den Betrachter sind. Auf dem Tisch eines Schlafzimmers erhebt sich neben einem zarten Fliederstrauß eine übermäßig große griechische Büste und eine Rolle Tesafim, am geöffneten Fenster hängt ein elegantes blaues Sommerkleid , das eher ins 19. Jahrhundert passen würde, an einem banalen Kleiderbügel. Weiße Rosen stehen bis zum Hals in einer Art Zahnputzglas, an einem Mittagsessenstisch sitzen Mutter und Tochter mit geschlossenem Mund beim Essen, als hätten sie sich als Modelle für den Maler einfrieren lassen, Edelstahleierbecher und eine Konservendose, eine Mineralwasserflasche und ein Salzstreuer stehen neben einem auf Stillleben gemalten Fleischteller, dessen Malstil einer älteren Epoche zuzuordnen wäre. Viele Bilder haben ein irreales fast mystisches und sehr zartes Licht, das die Gegenstände seidig erscheinen lässt. Die Meisterschaft besteht im Nebeneinander verschiedener Malstile, ohne dabei Brüche entstehen zu lassen.

Regen: Regen in Kastilien im Sommer? Ja, der Klimawandel macht es möglich: Es regnete in Salamanca, am 21. August, mitten auf die Plaza Mayor, zuerst als feiner Sprühregen, aus dessen Mitte sich dann ein Platzregen ergoss. Das hat schon Hemingway wunderbar lakonisch in seinem Roman *Fiesta* von 1926 beschrieben, als es weder Franco als Regierungschef noch einen Klimawandel gab:

"Zwischen einem feinen Sprühregen fiel schwerer Regen herab und jagte alle unter die Arkaden und machte Wasserpfützen auf dem Platz." (Hemingway, Fiesta .a.a.O.192, zitiert nach der dt. Übersetzung, vgl. Literaturverzeichnis).

Schlafzimmer der Isabella II im Schloss von Aranjuez: Diese Dame hat nichts mit Isabella der Katholischen zu tun, welche Mauren und Juden den Garaus machte und den Fortschrittsgeist aus Spanien fegte, sondern, es war eine sehr genusssüchtige Königin des 19. Jahrhunderts, die für teure Einrichtungen das Geld der Spanier verjubelte und aufgrund ihres Lebensstils schließlich von ihrem eigenen Sohn 1868 verjagt wurde, siehe auch meinen Text in diesem Buch "Schlafzimmer der Isabella im Schloss von Aranjuez". (Quelle: Juan Goytisolo: "Spanien und die Spanier" . Erste Auflage auf Deutsch : Suhrkamp st 1982, S.284 f).

Schönste Kirche Salamancas: Da fällt die Wahl schwer zwischen den drei wundervollen Kirchen, der alten und der neue Kathedrale und San Estéban. Mir persönlich gefiel am besten San Estéban, und da vor allem der wunderschöne Kreuzgang mit seinen Grotesken und der Fassade im plateresken Stil mit der Steinigung des Heiligen Stephan von Ceroni (1610) und dem Kalvarienberg von Cellini, ebenfalls auf der Fassade:

Tristana: Hochsensibler Film des Regisseurs Bunuel, der im Toledo der 40iger Jahre spielt und eine Atmosphäre der Stadt zeigt, wie sie heute nicht mehr anzutreffen ist. Handlung :

"Nach dem Tod ihrer Mutter lebt Tristana bei ihrem Vormund Don Lope. Doch bald entwickelt der alte Aristokrat mehr als nur väterliche Gefühle. Tristana lässt sich angewidert darauf ein, um im nächsten Moment vor Don Lope zu fliehen. Nach einigen Jahren kehrt sie erkrankt zurück und willigt in die Heirat ein.

Mit Tristana kehrt Bunuel in die von ihm so geliebte Stadt seiner Studentenzeit zurück: Toledo. Die Stadt wird zur dritten Hauptfigur der komplexen und einfühlsamen Studie einer unglücklichen Liebe, die geprägt ist von gesellschaftlichen, religiösen und moralischen Zwängen." (Zitiert nach dem Cover der DVD Tristana, von Luís Bunuel, erhältlich bei Amazon).

Der Film ist nach meiner Einschätzung auch eine sorgfältige Studie über das geistige Überleben des *Caballeros* im 20. Jahrhundert. Ehre, Arbeitsscheu und heuchlerischer Paternalismus prägen diese typisch spanische Figur. Von El Greco gibt es ein Bild mit demselben Titel, feinfühlig gemalt: *El Caballero.* Sich unbedingt eine Stunde Zeit nehmen und das Bild ausgiebig betrachten!

Unamuno, Miguel: (1864-1936) Spanischer Philosoph, Essayist und Schriftsteller der *Generación 98,* kämpfte gegen jede Form der Oligarchie und lehnte sich auch mitunter gegen die Diktatur Francos auf, sowie gegen alle Formen faschistischer Gewalttaten. Zentrales politisches Anliegen ist sein Eintreten für die Freiheit des Menschen gegen Hörigkeit, Unterwürfigkeit und blinde Gefolgschaft. Während seiner literarisch hochproduktiven Zeit in Salamanca, in der er eine Professur an der *Universitá complutense* innehatte, verfasste er neben wissenschaftlichen und philosophischen Werken auch zahlreiche literarische, die zu Standardwerken der spanischen Literatur zählen, wie z.B. *El Cristo de Velázquez, Niebla* und *Plädoyer des Müßiggangs.*
Von Unamuno stammt der unschlagbare Satz: " Eine gewisse Anzahl von Müßiggängern ist notwendig zur Entwicklung einer höheren Kultur."(aus: Plädoyer des Müßiggangs. Wien: 2. Aufl. 1996).

Unamuno wurde unter Primo de Rivera mehrfach in Haft genommen. Nach seinem einjährigen Exil in Paris kehrte Unamuno zu Fuß 1930 über die Brücke bei Irún nach Spanien zurück. In Salamanca proklamierte er am 14. April 1931 offiziell die zweite Spanische Republik auf der Plaza Mayor. Im selben Jahr wurde er zum Rektor auf Lebenszeit ernannt, 1935 folgte die Ernennung zum Ehrenbürger der Republik. 1936, nachdem er sich kurzfristig den Aufständischen unter Franco angeschlossen hatte, erkannte er, dass es Franco um die Wiederherstellung der Monarchie ging, die Unamuno immer bekämpft hatte. Am 12. Oktober 1936 kam es in Salamanca, wo Franco sein Hauptquartier errichtet hatte, zum Eklat, als Unamuno öffentlich auf einem Volksfest, neben der Ehefrau Francos sitzend, den Bürgerkrieg als Unbürgerkrieg bezeichnete (no es guerra civil, es guerra incivil). Franco strich Unamuno postwendend sein Rektorenamt und setzte ihn unter Hausarrest, wo er am 32. 12. 1936 starb.
Als sein philosophisches Hauptwerk gilt: *Del sentimiento del trágico de la vida en los hombres y en los pueblos* (Deutsch: Das tragische Lebensgefühl, deutsche Übersetzung von 1925). (Quelle: Wikipedia)

Als aufmerksame Betrachter der Galerie der spanischen Könige und der religiösen und kulturellen Geistesgrößen Spaniens über den Arkaden der *plaza mayor* von Salamanca fiel uns natürlich auf, dass auf der rechten Seite neben dem Ayuntamiento ein neues Francomedaillon prangte, gleich neben einem der Alfonskönige. Aus diesem Grund sollen hier noch ein paar bedenkenswerte Worte Unamuno's dem Francoungeist entgegengesetzt werden:
Unruhe ist die erste MenschenpflichtGlaube ohne Zweifel ist ein toter Glaube Nur, indem man das Unerreichbare anstrebt, gelingt das Erreichbare. Nur mit dem Unmöglichen als Ziel gelingt das Mögliche

In jedem Ende liegt ein neuer Anfang
Das Volk glaubt nämlich nicht an sich selbst. Und Gott schweigt. Hierin liegt der Grund der universellen Tragödie: Gott schweigt. Und er schweigt, weil er Atheist ist.
Es gibt kleinliche Geister, die da behaupten, es sei besser, ein sattes Schwein zu sein als ein unglücklicher Mensch
(Quelle: Internet)

Trunkenheit am Stier: Das kann im Extremfall das Leben kosten: Bei den Encierros (s.u.) überschätzen sich immer wieder betrunkene junge Männer und meinen, sie könnten dem Stier auf den Kopf springen. Aber das hatte laut *El país* auch dieses Jahr für einen jungen Mann fatale Folgen. Ein höchst aggressiver Stier namens Maus, Ratón, der schon eine Leiche auf dem Kerbholz hatte, erledigte den Mann mit einer cornada, einem Stoß seines Horns (asta).
Schon Hemingway hat in seinem Roman von 1950 (auf Deutsch unter dem Titel *Fiesta* erschienen) einen Todesfall mit einem Stier, in den ein Unschuldiger wegen einem Trunkenen mitverwickelt wurde, beschrieben:
"Zwischen den beiden Zäunen drängte die Polizei die Leute, die in den Toril trotteten, zurück. Dann rannten plötzlich Leute vorbei. Ein Betrunkener glitt aus und fiel hin. Zwei Polizisten ergriffen ihn, zerrten ihn schnell an den Zaun ... als ich meinen Kopf durch die Bretter zwängte, sah ich gerade, wie die Stiere aus der Straße herauskamen und die lange Renngasse einbogen. Sie liefen schnell ... In dem Moment setzte sich ein anderer Betrunkener vom Zaun aus mit einer Bluse in der Hand in Bewegung. Er wollte *Capa-Arbeit* an den Stieren vorführen (Capa, das ist das Tuch, mit dem man den Stier reizt, Anm. der Verfasserin). Die zwei Polizisten stürzten sich auf ihn, ergriffen ihm am Kragen, einer schlug ihn mit einem Knüppel, dann zogen sie ihn gegen den Zaun und standen platt gegen den Zaun gepresst in dem Augenblick, als der letzte aus der Menge vorbeigelaufen war und die Stiere heranschossen ... und als die Stiere alle zusammen schwer galoppierend, die Flanken von Kot bespritzt, mit geschwungenen Hörnern vorbeikamen, schoss einer vor, fasste einen Mann aus der laufenden Menge im Rücken und hob ihn in die Luft. Beide Arme des Mannes hingen seitwärts herunter, sein Kopf fiel nach hinten, als das Horn sich in ihn bohrte und der Stier ihn hochhob und dann fallen ließ. ... Der durchbohrte Mann lag mit dem Gesicht im zertrampelten Schlamm." (Hemingway, E. *Fiesta,* a.a.O. S. 223, vgl. Literaturverzeichnis).

Abb. 71, Stier in Stücken

Abb. 72, Wächter

Exkurs: Grausamkeit und drei Methoden der Angstbewältigung:

Glaube, Angstlust, Verdrängung. Eine Reflexion über den Heiligen Vicente, den spanischen Encierro und das Auto.

San Vincente: Er ist im romanischen Sprachraum ein beliebter Heiliger. In Italien, Portugal und Spanien tragen viele Kirchen und Klöster seinen Namen. Bei uns weniger bekannt, ist er als Heiliger Vinzenz geläufig, in Italien als San Vincenzo, in Spanien als San Vincente, in Portugal als San Vizente. Sowohl das hoch über dem Meer gelegene Kloster San Vizente in Lissabon als auch die älteste Kirche in Ávila, San Vincente, schmücken sich mit seiner Legende. In dieser Kirche gibt es einen mittelalterlichen Sarg, der in bunten Farben und in mehreren Szenen den Märtyrertod von Vicente und seinen zwei Schwestern darstellt. Diese Geschichte hat viel mit menschlicher Grausamkeit und ihrer Bewältigung zu tun, Grausamkeit, wie wir sie von den Märtyrerverfolgungen unter Diokletian im 3. Jahrhundert nach Christus und durch ihre propagandistische Verwertung in der Hagiographie des Spätmittelalters kennen, als Rom die Gefährlichkeit der Christen für den eigenen Machtanspruch zu wittern begann, wonach besonders Diokletian die Verfolgungen mit der Akribie von Gladiatorenspielen durchführen ließ.

In Spanien ist der Heilige wohl deshalb so beliebt, weil er in Valencia an die Küste gespült wurde, obwohl die Römer ihn für immer im Meer verschwinden lassen wollten und weil er unvorstellbar grausame Folterqualen überstand, bevor er, von Engeln auf Blumen gebettet, entschlief. Das Land der Reconquista hat in diesem Heiligen einen besonderen Bürgen für seine Glaubensfestigkeit gefunden. An der Legende über seine Folterung lassen sich auch gut Parallelen zur Stiertötung studieren, wie sie noch bis in die späten Fünfziger Jahre in vielen Orten Spaniens während eines *Encierros* praktiziert wurde stattfand (Vgl. Guysotolo, Spanien und die Spanier, siehe in diesem Text und im Literaturverzeichnis). Der Kult um San Vincente ist ein Beispiel der Angstbindung durch Glauben und der Angstregulierung durch" Horrorgeschichten", denn als solche (dies ist ein Aspekt) lassen sich viele Heiligenlegenden lesen: Lassen wir den Genueser Jacobus de Voragine und seine Legenda Aurea sprechen:

Der heilige Vicente war zur Zeit des großen Christenverfolgers Diokletian Diakon des Bischofs Valerius in Valencia. Jener ließ ihn gerne wegen seiner guten Spanischkenntnisse die Predigten durchführen. Die zunehmende Christianisierung Spaniens durch die von Italien herübergekommenen Bischöfe ärgerte den Richter Dacianus, der, da weder Valerius noch Vicente dem römischen Kaiser botmäßig sein und dem Christentum abschwören wollten, beide in den Kerker werfen ließ.

Abb. 73,San Lorenzo auf dem Rost

"Als der Richter vermutete, sie seien vor Hunger fast umgekommen, ließ er sie vor sich erscheinen, musste aber feststellen, dass sie gesund und fröhlich waren." Gegen den Vorwurf des Richters, gegen die kaiserlichen Dekrete zu verstoßen, wandte Vincente ein, dass es für Christen frevelhaft sei, gegen den Glauben zu verstoßen. Darauf ließ Dacianus den Vincente auf die Folter spannen und von Henkern die Glieder ausrenken. Dacianus verspottete den Vincente während der Folterprozedur mit den Worten: "Sprich doch, Vinzenz, was meinst du jetzt zu deinem armseligen Leib?", denn davor war Vincente ein bildschöner Mann, worauf der Heilige die Folter mit den Worten konterte, dass es genau das sei, was er sich immer ersehnt habe. Und als ihm daraufhin noch stärkere Folter angedroht wurde, lachte Vicente dem Dacianus ins Gesicht: "Mach Dich ans Werk, du Elender, rase in Deiner ganzen Bosheit!"

Daraufhin mussten ihn seine Henker mit Ruten und Stöcken schlagen. Die Folterknechte legten dann noch eins drauf und stießen ihm "eiserne

Kämme bis tief in die Rippen, so dass aus seinem ganzen Leib Blut floss, das Gefüge der Rippen sich löste und seine Eingeweide offen dalagen."

Dacianus wollte ihn daraufhin zu Geständnissen bewegen, da feuerte ihn Vicente weiter an: "Du giftige und teuflische Zunge, vor deinen Folterungen habe ich keine Angst mehr ... je wütender ich dich sehe, um so mehr freue ich mich. Ich will nicht, dass du meine Qualen auch nur etwas verminderst; du sollst erkennen, dass du in allem besiegt bist!"

Darauf wurde er auf den Feuerrost geworfen, von wo der Heilige die Schergen noch mehr anfeuerte und ihnen zu langsames Arbeiten vorwarf. "So bestieg er von sich aus den Rost, wo er gebraten und gebrannt wurde. Sie stießen ihm Haken und glühende Eisen in den ganzen Körper; sein Blut spritzte aufs Feuer ... man warf sogar Salz ins Feuer, damit es auf alle seine Wunden springe und er durch die zischenden Flammen noch grausamer verbrannt werde. Schon drangen die Eisen nicht nur durch die Glieder, sondern bis in die Eingeweide vor, und diese hingen bereits aus seinem Leib hervor." (Diese Szene ist dem Schlachten eines Tieres und seiner Röstung doch nicht ganz unähnlich).

Dacianus ließ daraufhin die Folterung abbrechen, um den starrsinnigen Vincente durch langsamere Folter weiterzuquälen: "Aber damit er noch länger in solcher Qual lebe, schließ ihn in den schrecklichsten Kerker ein und häuft dort spitze Scherben auf! Fesselt dann seine Füße an einen Pflock, lasst ihn ohne menschlichen Trost weiter auf den Scherben liegen und erstattet mir Bericht, wann er gestorben ist!" Gerne folgten die grausamen Schergen dem noch grausameren Dacianus. Da kam dem armen Vincente der Himmel zu Hilfe und verwandelte die spitzen Scherben in eine Blumenwiese, über die Vincente, psalmensingend mit den Engeln schritt (wie ein friedlich grasender Stier? Anmerkung Verfasserin). Die Schergen erspähten das Wunder durch das Schlüsselloch und bekehrten sich fortan zum Christentum. Dacianus raste vor Zorn und legte Vincente auf ein weiches Bett, damit er gesund werde und er ihn anschließend aufs Neue quälen könne. Doch auf dem weichen Bett verschied Vincente. Der Tod erfolgte im Jahr 287, unter den römischen Kaisern Diokletian und Maximus.

Da Dacianus den Vincente nicht lebend besiegen konnte, wollte er ihn noch im Tod bestrafen und ließ ihn ohne Bestattung auf einem Feld liegen. (Zum Verzehr der Tiere, sozusagen, Anmerkung der Verfasserin). Doch da kamen Engel, bewachten seinen Leichnam und hinderten Vögel und wilde Tiere, dass er gefressen werden würde. Darauf kam ein Rabe, und wollte an seinen Gedärmen picken, musste aber andere wilde Tiere, die größer waren als er, vertreiben. Der Rabe schaffte es sogar mit Schnabelhieben, einen

hungrigen Wolf in die Flucht zu schlagen. Dann erblickte der Rabe die Engel und sah voller Bewunderung zu ihnen auf. Dacianus, Zeuge dieser Feldszene, befahl daraufhin, dem Vicente mit einem Stein um den Hals ins Meer zu werfen, damit er "wenigstens von Meeresungeheuern gefressen werde, wenn ihn schon die wilden Tiere auf dem Lande nicht verzehren wollten."
So warfen ihn Schiffer ins Meer, doch, schneller als die Schiffe wieder an Land waren, spülte das Meer die Leiche des Vincente ans iberische Ufer. Dort wurde er von einer Frau gefunden und von seinen gläubigen Landsleuten in Ehren bestattet. Nicht grimmig und kämpfend wie ein Stier, sondern eher wie ein Lamm, inbrünstig, für seinen Glauben ins Feuer gehend, besiegte Vincente seine Angst, was ihn für die propagandistische Hagiographie besonders auserwählt erscheinen ließ (Quelle: nach Jacobus de Voragine: Legenda Aurea. Manesse, Zürich:1994, Wörtliche Zitate sind in Anführungszeichen gesetzt).

Encierro: In den Dörfern der spanischen Provinz, besonders in Kastilien, gab es in vergangenen Jahrzehnten noch sehr archaische Formen des *Encierros.* (Beschrieben von Goytisolo in seinem exzellenten Buch: *Spanien und die Spanier*, S. 199 f vgl. Literaturliste) In Albacete zum Beispiel, einer spanischen Ortschaft wurde, nachdem man die Stiere durch die Straßen getrieben hatte, ein ausgewählter Stier zu Tode geschunden. Ich zitiere:

"Der Tod des Tieres wird auf dem mit dicken Stangen provisorisch umzäunten Platz zelebriert, und das ganze Dorf nimmt daran teil. Während die Nachwuchstoreros ... mit dem roten Tuch üben, greifen die Zuschauer das Tier mit vielerlei ... Wurfgeschossen an. Eine Stunde lang, und auch noch länger muss der Stier alle möglichen Schmähungen, Überfälle und Gewalttätigkeiten über sich ergehen lassen: ein *aficcionado* (Fan eines Stierkampfes, Anm. der Verfasserin)) versucht ihm mit einem Stecken ein Auge auszustechen:, ein anderer schneidet ihm ... mit dem Metzgermesser den Schwanz ab; ein anderer schmettert ihm einen riesigen Pflasterstein auf den Rücken ... Hinter der Umzäunung kreischen die Frauen vor Vergnügen und stacheln die Männer mit ihren Schreien an ... Wenn ... das Tier zusammenbricht und der Schlächter ihm den Kopf vom Rumpf trennt, stürzen sich die jungen Burschen auf den Kadaver, um ihn mit Fußtritten zu traktieren, wälzen sich auf ihm herum und tränken ihre Taschentücher in seinem Blut. Das Fleisch des Stieres wird am selben Abend in den Metzgerläden verkauft." (Goytisoloa.a.O. S. 200).
Im Encierro, wo die corredores, d.h. junge Männer und neuerdings im Zuge der Emanzipation auch jugendliche Frauen, mit unverholener Lust und sichtbarer Angst die Stiere reizen und vor ihnen oder hinter ihnen her laufen, kann

man sehr gut die Bewältigung von Angst durch Angstlust studieren. Schon früh werden Kinder mit aufgeblasenen Gummistieren an diese Lust zur Bewältigung und Kanalisierung von Angst gewöhnt. Und mit der Verfolgung durch besonders knautschige Stiere, die sich mit Hilfe von Schubkarren wegsprintenden Alten nähern, haben auch Senioren und Seniorinnen ihren Anteil an dieser Angstlust. (Vgl. entsprechende Fotos in dem exzellenten Sachbuch von Karl Braun: Der Tod des Stiers, vgl. auch Literaturverzeichnis).

Das Auto: Und wie bewältigen und kanalisieren *wir* unsere Ängste heute? Gar nicht. Wir verdrängen sie einfach. Haben wir nicht auch heute unsere Corridas auf den Autobahnen und sonstigen Straßen weltweit, wo wir zwar nicht auf die Hörner genommen werden, aber doch auf die Kühlerhauben von so manchem Autoraser oder verpeiltem Autofahrer? Bräuchten wir neben dem Fahrtraining nicht so etwas wie ein lebendiges Angttraining und zwar von Kindesbeinen an?

Was sind dagegen die echten *Encierros,* wo die *Corridores* sich bewusst in Acht nehmen müssen (es sei denn es handle sich um Betrunkene) und von Kindesbeinen mit Attrappen zuerst und dann später im Leben ein gemeinschaftliches Angsttraining zusammen mit den Stieren (und Ochsen) absolvieren, sei es als Mitläufer oder als Zuschauer, was weit weniger Todesopfer als unsere Raserkultur erfordert. Hätten alle Autos ausladende Stierhörner auf den Kühlerhauben, würde weniger gestorben im Land. Also, welche Lehre ist daraus zu ziehen? Homo homini lupus, Christus agnus homini. Vor dem Stier kann man sich in Sicherheit bringen, mit Christus kann man fusionieren, doch vor dem *Matador ex* machina, da kann man nur kapitulieren.
Was nützt alles Reflektieren? Nichts, da jeder, der vor dem Stier wegläuft und jeder, der in die Kirche geht, ja trotzdem Auto fährt. *Homo ambivalens, vale!*

Literaturverzeichnis

- Andres, Stefan, El Greco malt den Großinquisitor. Reclam. Stuttgart: 1994
- Avila, Teresa von, Die innere Burg. Diogenes, Zürich: 1979
- Dies., Ich bin ein Weib- und obendrein kein gutes. Herder. Freiburg: 2010
- Benedikt XVI, Botschaften von Benedikt XVI., 2012. Irisana Abreißkalender
- Besas, Marco, Madrid oculto. Una guía práctica, Madrid: 2010
- Bossong, Georg, Das Maurische Spanien. Beck, München: 2007
- Ders., Die Sepharden. Beck, München: 2008

- Braun, Karl, Der Tod des Stiers. Beck, München 1996
- Brenan, Gerald, Das Gesicht Spaniens. Kassel: 1991, Englische Originalauflage: 1950
- Bunuel, Luís, Tristana. Film. Arthaus. Bestellbar, über Internet
- Cervantes Miguel de, Don Quijote. Übersetzt von Susanne Lange, Hanser. München: 2008
- Crisógono, P., Vida de Santa Teresa. Editores de La Espritualidad. Madrid: 2010
- Dahms, Martin, Spanien. Ein Länderportrait. Ch. Links. Berlin: 2011
- De la Iglesia, Alex, La Comunidad. Allein unter Nachbarn. Film e-m-s: 2002, bestellbar bei Amazon
- Diemar, Claudia, Spaniens magische Mitte. Kastilische Kantaten. Picus. Wien: 2002
- Drouve, Andreas, Madrid. Ein Reisebegleiter. Inselverlag. Berlin: 2011
- Fray, Tomás de la Torre, Diario de viaje de Salamanca à Chiapa 1544-1545. Erhältlich in San Estéban, Salamanca. Bookstore
- Gietinger Klaus,Totalschaden, Das Autohasserbuch, München 2010, Westend
- Goysotolo, Juan, Spanien und die Spanier. Suhrkamp, Frankfurt: 1982 (Erstausgabe in deutscher Übersetzung)
- Graf-Riemann,Lisa,Spanien 151. Meerbusch 2012. Conbook-Verlag
- Hemingway, Ernest, Fiesta. rororo Hamburg. 10. Auflage: 2009, Englische Originalausgabe: 1926
- Hessel, Stéphane, Indignez-vous! Montpellier: 2010
- Ders., Engagez-vous! Éditions de l'Aube 2011
- Ingenday, Paul, Gebrauchsanweisung für Spanien, Piper. München, 4. Aufl. 2004
- Machado, Antonio, Poesías completas. Espasa, Madrid: 2010 (Herederos de A. Machado: 1949)
- Marías, Javier, Mein Herz so weiß. Spiegel edition, Hamburg.: 2006/07, Span. Originalausgabe: 1992
- NZZ Nr. 192/ 2011, Der Papst und die fromme Jugend, NZZ. Internationale Ausgabe
- Unamuno, Miguel, de, Del sentimiento trágico de la vida, Austral. Madrid: 1913
- Ders.: Nebel. P.S.Verlag Peter Selinka, Ravensburg: 1988, Span. Erstauflage: 1914. Biblioteca Renacimiento
- Vilar, Pierre, Spanien. Das Land und seine Geschichte von den Anfängen bis heute. Wagenbach. Berlin, 5.-6. Auflage: 2000

Reisen und Erlebnisse

Abenteuer Afrika

Eine junge Frau macht sich
auf die Socken und lernt Afrika lieben.
ISBN: 978-3-86040-180-4
Ca. 188 S. 15,90 €

Unbekanntes Vietnam

Pauschalreise durch Vietnam
Unbekanntes Vietnam
Hondas, Hühner,
Heiligtümer, Wasserpuppen,
Nudelsuppen
ISBN: 978-3-86040- 181-1
Ca. 128 S. 16,90 €

... und viele weitere Titel

Papua Neuguinea und Spanien

Papua Neuguinea

Eine junge Frau folgt ihrem Mann, einem Missionar, und übernimmt eine Krankenstation.

ISBN: 978-3-86040-138-5

216 S. 15,90 €

Nachrichten aus Griechenland

Nachrichten aus Griechenland Liebenswerte Schilderungen über Land und Leute, Geschichte, Gesellschaft und Reisen durch Hellas.

ISBN: 978-3-86040-141-5

Ca. 144 S. 16,90 €

... und viele weitere Titel

interconnections.de

JOBS, REISEN, AUSLANDSAUFENTHALTE

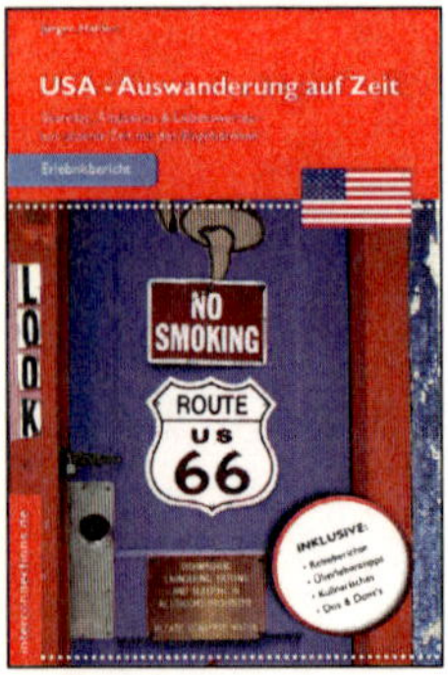

USA - Auswanderung auf Zeit

Skurriles, Amüsantes und Liebenswertes aus unserer Zeit mit den Eingeborenen

Ein junges Ehepaar schildert seine Erfahrungen aus dem Leben mit Amerikanern.
ISBN: 978-3-86040-189-7
Ca. 200 S.
15,90 €

Freiwilligendienst in Gambia

Engagement in einer fremden Welt

Ein Student engagiert sich auf eigene Faust und packt dort mit an, wo es Not tut.

ISBN: 978-3-86040-188-0
144 S.
15,90 €

Lust auf Frankreich

Wie ticken die Franzosen?
Wie findet man sich zurecht?
Gesellschaft, Arbeit, reisen, alles, was man wissen muss.

ISBN: 978-3-86040-114-9
224 S.
18 €

www.interconnections.de, > Shop